Le musée du quai Branly

Les auteurs expriment leur profonde gratitude à toutes celles et tous ceux qui ont répondu à leurs sollicitations et généreusement contribué à cet ouvrage.

Leurs remerciements vont aux Ateliers Jean Nouvel et tout particulièrement à Emmanuelle Blanc, Didier Brault, Philippe Delteil, Isabelle Guillauic, Charlotte Huisman, Charlotte Kruk et Fabrice Lextrait ; à Dominique Baudry, Stéphane Bezombes, Hélène Dano-Vanneyre, Patrice Januel, Yves Le Fur, Céline Martin-Raget et Philippe Peltier, du musée du quai Branly ; à Ianna Andréadis, Dolorès Marat et Maxence Rifflet pour leurs images ; à Claudine Colin, Henri-Pierre Jeudy et Bernard Marrey pour leur amitié ; à Reza Azard, Jean-Louis Fréchin, Thomas Hugon et Stéphane Maupin pour leur disponibilité ; à Matt Fearns et Peter Lonergan pour leur aide ; à Patrick Blanc, Gilles Clément, Yann Kersalé & AIK et Trinh T. Minh-ha pour leur talent ; enfin à Jean Nouvel pour tout.

Édition
Service éditorial du musée du quai Branly
Responsable du service éditorial : Clair Morizet
Responsable du pôle papier : Muriel Rausch
Chargée d'édition : Juliette Solvès

Groupe Moniteur, département Architecture
Édition : Frédéric Lenne
Édition déléguée : Olivia Barbet-Massin
Conception graphique et réalisation : Claude Gentiletti
Relecture : Marianne Fernel

ISBN Moniteur : 2-281-19317-9
ISBN musée du quai Branly : 2-915133-30-1

Le musée du quai Branly

Armelle Lavalou / Jean-Paul Robert

Editions Le Moniteur

musée du quai Branly

L'ouverture du musée du quai Branly est l'aboutissement d'un rêve déjà ancien : celui de Claude Lévi-Strauss d'abord, d'André Malraux ensuite et enfin celui né de la rencontre entre Jacques Chirac, passionné depuis toujours par les arts du bout du monde, et Jacques Kerchache, auteur du manifeste *Les chefs-d'œuvre du monde entier naissent libres et égaux en droit*.

De cette ferveur commune pour les arts non occidentaux est née l'idée de créer un lieu qui rende aux cultures minoritaires leur juste place dans les institutions muséales de la France.

Dès 1995, le président de la République m'a demandé de conduire un groupe de réflexion sur ce futur musée. Le projet ne s'est pas fait en un jour, il a suscité des débats, traversé des tempêtes, rencontré des détracteurs, nourri des passions. L'accueil enthousiaste que le public réserve au musée du quai Branly depuis son ouverture est bien plus qu'une récompense, c'est la démonstration qu'une telle institution répond à une attente réelle et légitime et que ceux qui l'ont voulue avaient compris cette nécessité culturelle.

Le projet architectural du musée du quai Branly est atypique. Il témoigne de la maturité du travail de Jean Nouvel. Répondant à des exigences spécifiques en matière d'image, d'identité, d'accessibilité et d'insertion urbaine, bénéficiant d'un site exceptionnel, à l'ombre de la tour Eiffel, il joue sur l'émotion, le dépaysement, la joie de la découverte. Le bâtiment, par son architecture novatrice, incarne parfaitement les ambitions qui étaient au cœur de ce grand projet : la tolérance, la reconnaissance et le respect des différences.

Affirmation du refus d'une conception étriquée des savoirs et d'une hiérarchie des arts établie au détriment des productions artistiques des autres continents, il illustre l'engagement de la France voulu par Jacques Chirac en faveur de la diversité culturelle.

C'est au contact des artistes, chercheurs et muséologues étrangers que se tisseront maintenant des liens durables avec la communauté scientifique et culturelle internationale. C'est aussi au contact des peuples autochtones que se forgera une appréhension plus juste de la manière de présenter et de faire vivre leurs patrimoines.

Souhaitons que l'échange de ces regards et de ces questionnements nourrisse et enrichisse cette jeune et belle institution.

Jacques Friedmann
Président d'honneur

Le regard en question

La grande ethnologue qu'est Germaine Tillion explique que l'on ne devient civilisé qu'après s'être confronté à d'autres civilisations. C'est inverser radicalement la définition grecque, dont les Occidentaux sont les héritiers.
Pour les Grecs, la civilisation se définit par opposition à ce qui n'est pas elle : l'autre, c'est le métèque, le barbare. Notre perception de l'autre, notre regard sur lui, ont considérablement évolué au fil du temps. La relation à l'autre est à la fois projective et spéculaire. Projective, parce que notre regard construit à nos yeux l'identité de celui qui est face à nous. Spéculaire, parce que notre regard se construit dans le miroir qu'il nous tend et révèle davantage de nos représentations que de celles sur lesquelles il se porte.
L'âge moderne s'est inauguré avec la découverte de nouveaux mondes, à la suite de Marco Polo et de Christophe Colomb. Avec eux le regard européen s'est confronté au radicalement autre, au « sauvage ». Celui-ci a suscité, plus qu'effroi, curiosité et émerveillement, dont témoignaient les cabinets de collectionneurs qui engrangeaient pêle-mêle *naturalia* et *mirabilia*, entassées comme des objets de méditation, symétriques des « vanités » aux tonalités plus sombres. Est venu le temps de l'exploration, quand les expéditions encyclopédiques des Cook, Bougainville ou La Pérouse nommaient, inventoriaient et cartographiaient les contrées qu'elles abordaient. Elles en prenaient aussi possession, au nom de leur roi. L'autre, pour singulier qu'il ait été, se découvrait aussi le même, autrement.
Les Lumières ont posé les fondements de l'universalisme et placé le « sauvage » en exemple philosophique de l'innocence.
Ce mouvement d'inventaire s'est poursuivi avec la classification avant de basculer, avec l'évolutionnisme, vers un classement qui mettait l'homme blanc au sommet de la hiérarchie du vivant.
À l'esclavagisme a succédé le colonialisme.
L'exploitation changeait de place : elle advenait *in situ*. Les cultures meurent, et les butins qui apparaissaient comme des trophées ont trouvé place dans les musées. Les « indigènes » étaient exhibés comme des animaux, à la suite de la Vénus hottentote dont la stéatopygie avait excité la concupiscence des Britanniques et des Français.
Gauguin le premier, le Douanier Rousseau et à leur suite Picasso, Apollinaire ou André Breton ont rebondi sur les Lumières en jetant un regard

esthétique sur les productions « nègres ». Ils ont ouvert la voie aux collectionneurs contemporains, tandis que l'ethnographie s'attachait à découvrir les ressorts et les fondements de ces civilisations différentes. Les razzias se sont poursuivies, mais dans un autre esprit. Si l'autre est autre, autrement, il faut le comprendre, l'apprécier. La mutation opérée par le XXe siècle a été double : esthétique et ethnographique. Mais toujours le regard occidental prédomine, même repentant, quand il désigne comme un chef-d'œuvre un objet quotidien ou rituel et l'expose au Louvre, ou bien quand il s'en saisit comme un objet d'étude et prétend en percer et en exposer les raisons et le sens. En réaction, le particularisme ou le communautarisme opposent à l'universel le singulier, et revendiquent la différence comme un droit.

Comment construire un regard qui échappe à ces pièges ou à ces querelles ? Comment revivifier l'universalisme ? Est-ce seulement possible ?

L'image proposée par Jean Nouvel au moment du concours pour le musée du quai Branly est à la fois l'esquisse et le paradigme de sa réponse. Ces objets sont là, avec leur histoire meurtrie. Ce sont eux qui nous regardent.

Le Musée d'Ole Worm (détail), frontispice de O. Worm, *Museum Wormianum*, 1655.

Jan van Kessel (1626-1679), *L'Afrique* (détail : panneau central). Munich, Alte Pinakothek.

Photographies extraites d'un album de types ethniques achantis, présenté à l'Exposition universelle de 1889 à Paris, collection du prince R. Bonaparte, 1889. Société de géographie, Paris.

La « Vénus hottentote », gravure de Louis Jean Allais, exécutée en 1815, d'après le tableau de Jean-Baptiste Berré.

Karl Girardet (1813-1871) *Le Roi Louis-Philippe, la reine Marie-Amélie et la duchesse d'Orléans assistant dans le Salon de la Paix, aux Tuileries, à une danse d'Indiens Iowa que leur présente le peintre George Catlin*, 21 avril 1845, huile sur toile, 39 x 54 cm. Versailles, châteaux de Versailles et de Trianon.

Musée d'Ethnographie du Trocadéro, galerie d'Amérique, 1931.

Musée permanent des Colonies, salle d'Afrique noire, 1931-1933.

André Breton dans son appartement, 42, rue Fontaine à Paris, vers 1955.

Guillaume Apollinaire
dans l'atelier de Picasso,
11, boulevard de Clichy
à Paris, en 1910.

Pablo Picasso
dans son atelier
du Bateau-Lavoir
à Paris, en 1908.

Dessin illustrant le dossier de concours du musée du quai Branly de l'équipe Ateliers Jean Nouvel, 1999.

Musée d'Ethnographie du Trocadéro, salle du Trésor, 1934.

Vue d'ensemble de l'exposition du pavillon des Sessions, au musée du Louvre photographiée en 2002.

Un musée de l'autre

Ce musée, il a fallu l'inventer. Un musée sur l'autre ne peut pas être un musée comme les autres. Bien avant d'être une question d'architecture, il pose des questions de société, de culture, de civilisation.
Lorsque le président de la République met en place, en 1995, une commission sur la place des arts « premiers » dans les institutions muséales françaises, il prend acte de la nécessité politique de faire évoluer la représentation donnée aux autres civilisations.
Paris disposait de deux héritages. Le musée de l'Homme avait été créé à l'occasion de l'Exposition universelle de 1937 sur les fondements du musée d'Ethnographie, fleuron de la tradition française des sciences humaines – celui-là même qui avait ébloui le jeune Picasso. Et le musée national des Arts d'Afrique et d'Océanie, dernier avatar de l'ancien musée des Colonies, créé pour sa part lors de l'exposition coloniale de 1931 et transformé en 1961 par André Malraux en musée de la France d'outre-mer.
Le premier, rattaché à l'Éducation nationale, restait un lieu d'étude et de démonstration plus que de conservation et de monstration. Le second brillait davantage par la splendeur décorative de l'édifice qui l'abritait porte Dorée que par la présentation de ses collections. Ces deux musées abritaient chacun un immense grenier, riche de centaines de milliers de pièces. Leur rassemblement, qui passait par la disparition de l'un et par de nouvelles définitions pour l'autre, n'est pas allé sans douleur, comme en a témoigné la mauvaise querelle qui a voulu opposer esthétique et ethnographie.
Le programme du nouvel édifice a été mis au point par des équipes issues du Centre Georges-Pompidou. Ce dernier avait innové, dans sa conception originelle, avec l'optique qu'un musée pouvait être une plateforme active d'échanges entre conservation et création. Reprise, cette idée s'est transformée pour le musée du quai Branly, qui se veut autant un lieu de rencontres et de recherches qu'un lieu d'expositions et de découvertes. Cet assemblage dessine, autour du musée proprement dit, un outil original, pluriel, sur lequel s'expriment ses responsables. Stéphane Martin, son président, en raconte la genèse. Rappelant qu'un musée répond à une fonction idéologique, il en définit aussi l'ambition, « universaliste, laïque et plurielle ». Germain Viatte, responsable du projet muséologique, explique pour

sa part comment il s'est agi de « libérer » les objets, en rassemblant la pluralité des regards qui les interrogent autour de leur présence. Hélène Cerutti dessine l'invention des programmes qui ont charge de faire vivre le musée et de l'inscrire dans le contemporain. Anne-Christine Taylor évoque les dimensions scientifique et pédagogique sans lesquelles il ne serait pas complet.
Nul doute que le musée du quai Branly ne prétende ainsi revivifier l'universalisme en privilégiant le multiculturalisme sur le communautarisme. S'il a abandonné les dénominations successives de musée des arts primitifs, premiers ou primordiaux qu'il a pu prendre tour à tour, c'est qu'il récuse la fiction d'un absolu des origines. S'il a pris son adresse pour nom, c'est bien parce qu'il est d'ici et de maintenant.

Stéphane Martin

Président de l'établissement public du musée du quai Branly

L'invention du musée

« Ce projet est né de la volonté du président de la République de marquer son septennat par une action forte et emblématique en faveur des peuples autochtones et des arts dits "premiers". Sa rencontre avec le collectionneur Jacques Kerchache, un homme de conviction et de passion, a été déterminante. C'est à l'occasion de la préparation de l'exposition sur l'art des sculpteurs taïnos, présentée au Petit Palais en 1994, que l'idée a germé dans l'esprit du maire de Paris. Kerchache, se mettant dans les pas de Fénéon et d'Apollinaire, avait en effet dès 1990 publié dans le quotidien *Libération* un manifeste, intitulé "Les chefs-d'œuvre du monde entier naissent libres et égaux" et cosigné par cent cinquante personnalités, pour réclamer l'ouverture d'une huitième section du Louvre consacrée aux arts primitifs – idée qu'André Malraux avait déjà énoncée dès 1952. Le projet fut repris dès les premières semaines du septennat du nouveau président.

Afin de répondre au vœu présidentiel, une première cellule de réflexion s'organise en 1995 autour de Jacques Kerchache, Christine Albanel, la conseillère culturelle du président, Serge Louveau, secrétaire général du Grand Louvre, et moi-même, alors directeur du cabinet de Philippe Douste-Blazy, ministre de la Culture. Il apparaît assez vite que l'ouverture du Louvre aux arts non occidentaux représente une action symboliquement très forte, insuffisante pourtant en regard de l'ambition présidentielle et des vœux de la communauté scientifique. L'idée d'un musée nouveau, autonome, porteur d'une "vision" proprement politique, s'est imposée rapidement, et avec elle la création d'une mission de préfiguration d'un établissement public qui examinerait tout à la fois les conditions de l'entrée des arts primitifs au Louvre et la nature d'une nouvelle institution. La référence était alors le Centre Pompidou et la place de premier plan qu'il occupe dans le paysage culturel parisien.

Début 1997, la mission de préfiguration est créée sous forme d'association avec pour président Jacques Friedmann, ami de longue date de Jacques Chirac, auquel le président avait confié, dès 1995, l'organisation de groupes de réflexion sur le futur musée. La direction du projet muséologique est confiée à Germain Viatte, ancien conservateur puis directeur du musée national d'Art moderne.

Ce nouveau musée allait-il investir un bâtiment existant, ou serait-il une création à part entière ? Plusieurs pistes ont été suivies : le musée des Arts d'Afrique et d'Océanie, l'agrandissement du musée de l'Homme, dans

Vue de la salle du conseil d'administration sur la terrasse côté quai.

l'hypothèse d'un départ du musée de la Marine de l'aile ouest du Trocadéro, le palais de Tokyo, écarté assez vite, et un nouvel édifice sur le terrain du quai Branly, libéré du projet de Centre de conférences internationales qui n'avait pas abouti. Cette dernière option était privilégiée. Début 1997, quelques semaines avant la dissolution, le gouvernement d'Alain Juppé a entériné les décisions d'ouvrir le pavillon des Sessions au Louvre, de créer une personnalité juridique définitive à l'association sous la forme d'un établissement public, et de construire sur le terrain du quai Branly, avec une enveloppe financière équivalente à une année de fonctionnement de la Bibliothèque nationale de France. Après un nouvel examen des différentes hypothèses, le gouvernement de Lionel Jospin s'est rallié à l'arbitrage d'Alain Juppé et l'établissement public dont j'ai été nommé président a été créé fin 1998.

Il disposait d'un préprogramme, fruit du dialogue entre Jacques Kerchache et Germain Viatte, des concertations des différentes commissions de réflexion organisées par Jacques Friedmann et du travail d'Hélène Dano-Vanneyre, architecte programmiste qui avait participé à l'élaboration du programme du Centre Georges-Pompidou. L'enjeu essentiel à mes yeux était de conférer à la nouvelle institution une réelle dynamique dans le paysage culturel parisien. Dépasser donc la simple présentation de l'état de la pensée sur une collection pour aller vers un lieu d'échanges, vivant et actif. Dans cette perspective, j'ai proposé que les espaces d'expositions temporaires représentent jusqu'à la moitié de la surface.

Début 1999, le programme a été finalisé et un concours d'architecture lancé. Il s'est déroulé en deux étapes : sélection de quinze équipes en juin et rendu des projets en fin d'année. L'équipe constituée autour de Rem Koolhaas s'étant désistée, quatorze projets ont été soumis au jury qui a choisi trois d'entre eux. Par ordre d'élection, ceux de Jean Nouvel, Renzo Piano et Peter Eisenman, tandis qu'une mention spéciale était décernée au projet de Francis Soler. Après avoir reçu les architectes pour envisager avec eux les conditions financières de leurs prestations, j'ai soumis au président de la République l'ensemble des éléments d'information. Il a retenu le nom de Jean Nouvel, qui correspondait au choix du jury et à celui de l'établissement public. À côté du projet magnifique de Peter Eisenman, sans doute inconstructible en regard de la réglementation, le projet de Jean Nouvel a séduit par la part intelligente faite au jardin, le décollement du bâtiment sur des pilotis, sa faible hauteur qui l'inscrit de manière originale et douce dans le paysage parisien, et enfin la sensibilité du parcours muséographique dans une galerie unique.

La proximité entre l'objet fini présenté par Jean Nouvel et le projet d'origine est remarquable. Elle tient autant à la grande fidélité au programme initial qu'à la continuité des personnes. Jacques Friedmann, par exemple, qui avait été dans un premier temps président du Conseil d'orientation du musée, en est aujourd'hui le président d'honneur. Cette très grande stabilité des personnes et du projet a permis à Jean Nouvel de conserver les mêmes interlocuteurs et les mêmes objectifs pendant les six ans de réalisation du musée.

Un musée est d'abord une institution sociale, reflet de l'état culturel de la société qui le produit et de la manière dont elle interroge et présente la collection dont elle a la responsabilité. Les musées, même s'ils fantasment une vision permanente et universelle, sont solidement enracinés dans leur situation culturelle et géographique : un musée Gauguin à Tahiti n'est pas tout à fait la même chose qu'un musée Gauguin à Washington. L'attente de la société à leur endroit a par ailleurs profondément évolué ces quinze ou vingt dernières années. Le musée de l'Homme a peut-être été la dernière tentative scientifique d'un musée de la "grande explication", du grand tout, de la grande synthèse, fils en cela de l'*Encyclopédie* de Diderot et d'Alembert. Aujourd'hui, la vitrine est devenue insuffisante pour restituer un état probant de la doctrine scientifique et de sa

complexité. La vision globale dispensée par un musée implique un rapport de domination entre le dispensateur du discours et celui qui le reçoit, une manipulation que les nouveaux modes de transmission des connaissances rendent aujourd'hui difficilement acceptables. Le visiteur n'est plus dans l'état de virginité dans lequel il pouvait se trouver voici encore vingt-cinq ans, en particulier pour ce qui a trait aux cultures non européennes. En 1937, la constitution d'une vitrine sur la Nouvelle-Zélande au musée de l'Homme partait du postulat que le visiteur n'avait aucune information sur ce pays ; aujourd'hui vous ne pouvez plus raisonnablement penser qu'il n'a jamais entendu parler des Maoris… Le musée ne recouvre plus une unité, mais des réalités très différentes selon le sujet, l'approche, le pays. Sa fonction sociale se codifie, se diversifie.
Le projet politique du musée tel que l'a défini le président de la République est de changer le point de vue des futurs visiteurs sur l'histoire culturelle, artistique, politique de l'humanité ; retourner en quelque sorte la mappemonde pour faire percevoir que l'histoire humaine ne se résume pas à celle du pourtour méditerranéen. Partant, deux stratégies ont été retenues. D'une part, inscrire le projet au cœur de la vie culturelle et scientifique et le placer, à côté de l'Opéra, du Centre Georges-Pompidou, du musée d'Orsay, du Louvre ou de la Bibliothèque nationale de France, dans le groupe de tête des institutions qui façonnent l'image culturelle de Paris. Cette dimension symbolique s'exprime dans le choix d'édifier une œuvre architecturale forte sur un site de premier rang. D'autre part, nous voulions inscrire ce musée dans le rapport aventureux et dialectique que les Français ont, depuis la création du Centre Pompidou, avec les institutions culturelles. L'invention de celui-ci a servi de modèle. Comme ce dernier en a montré l'exemple, le musée du quai Branly repose sur l'idée que la collection n'est pas un aboutissement mais un point de départ. Une telle institution culturelle ne délivre pas une leçon une fois pour toutes. Au fil des visites, un dialogue s'instaure entre le visiteur et l'institution, qui renouvelle la dialectique entre la collection permanente, les autres formes d'expression artistique et la création contemporaine.
Je défends l'idée d'une institution qui repose sur une ambition universaliste, laïque et plurielle.
Les voix militantes doivent s'y faire entendre mais le musée, en tant qu'institution, doit continuer de prétendre à l'objectivité du scientifique. Les violences dont de nombreux peuples autochtones ont été l'objet, les menaces qui pèsent aujourd'hui encore sur ces multiples cultures nécessitent un engagement fort et le musée, à sa place et parmi d'autres institutions, doit s'y investir, mais sans sacrifier sa nature particulière. C'est tout l'enjeu du musée du quai Branly. »

Né en 1956, ancien élève de l'École nationale d'administration, magistrat à la Cour des comptes, Stéphane Martin a notamment été délégué général du Centre Georges-Pompidou (1989-1990), directeur de la Musique et de la Danse (1993-1995) et directeur du cabinet de Philippe Douste-Blazy (1995-1997), alors ministre de la Culture. Il préside depuis 1998 l'Ensemble intercontemporain et l'établissement public du musée du quai Branly.

Germain Viatte

Conseiller auprès du président de l'établissement public du musée du quai Branly, responsable de la muséographie

L'invention muséologique

« Les collections du musée du quai Branly puisent leurs origines dans celles du musée de l'Homme et de celui des Arts d'Afrique et d'Océanie (MAAO). Elles recouvrent environ trois cent mille œuvres, jusqu'alors peu accessibles et relativement mal connues, bien qu'il soit possible d'en reconstituer l'histoire. Ces collections ont connu des avatars institutionnels successifs. Les collections royales se constituent dès le XVIe siècle avec les premières découvertes, les pièces les plus anciennes étant des objets précolombiens. Après la Révolution, elles sont dispersées entre le Muséum d'histoire naturelle, le Louvre, la Bibliothèque nationale, le musée de Saint-Germain-en-Laye... Au XIXe siècle, on ne sait trop où les mettre. L'expansion coloniale donne naissance au musée d'Ethnographie du Trocadéro en 1878, puis au musée de l'Homme qui ouvre pour l'Exposition internationale de 1937.

Un second ensemble d'objets provient du MAAO, avatar du musée de la France d'outre-mer, lui-même issu du musée des Colonies créé au moment de l'exposition coloniale de 1931 pour mettre en avant les productions des colonies sur le plan économique aussi bien que folklorique, culturel ou esthétique. André Malraux, ministre de la Culture en 1960, avait dit, dès 1952, son souhait de voir rassemblées les deux collections. C'est lui qui oriente les perspectives du nouveau musée des Arts africains et océaniens. Il écarte l'Asie, dont les éléments sont dispersés en partie au musée de l'Homme, et donne des instructions pour constituer des collections dans la perspective d'une histoire de l'art. Le partage est tacite entre les deux musées : dès 1961, des membres de l'équipe du musée de l'Homme – Claude Lévi-Strauss, Michel Leiris, Georges-Henri Rivière... – participent au comité d'acquisitions du nouvel établissement. De son côté, le musée de l'Homme ne pouvait acquérir que par l'intermédiaire de sa Société des amis.

Ces objets échappaient aux canons de l'esthétique occidentale. Les attitudes à leur endroit ont beaucoup varié, passant de la curiosité à la fascination, de l'admiration à l'intérêt scientifique, sous l'angle de l'histoire naturelle aussi bien que culturelle, ou en lien avec l'expansion coloniale et avec le développement de la recherche. Le parallélisme entre l'esprit de domination et d'expansion coloniale et la recherche scientifique apparaît indiscutable. Voyageurs, militaires, administrateurs, chercheurs, savants, missionnaires se sont employés à rapporter des objets des terres lointaines dans une visée d'inventaire du monde.

Masque anthropomorphe, Côte-d'Ivoire, début du XXe siècle, bois, peau de singe, fibres végétales, métal, pigments, 37 x 18 cm.

Costume de femme (ethnie Miao), Chine, province de Guizhou, Liuzhi, XXe siècle, coton, soie, armure toile, teinture à réserve (batik) rehaussée de couleurs, broderie au point de croix, application.

À la fin des années 1980, sous l'effet d'institutions privées comme la Fondation Dapper à Paris et le musée Barbier-Müller, à Genève, et avant elles le Metropolitan Museum of Art de New York qui avait créé à leur intention un département, les arts non occidentaux entrent dans les musées d'art. Une sorte de crise se manifestait depuis de nombreuses années. Au musée de l'Homme, à la fin des années 1960, les expositions dues à l'initiative d'Alix de Rothschild, présidente de la Société des amis du musée de l'Homme, et confiées à Georges-Henri Rivière et à Marcel Évrard, mettaient déjà en évidence la beauté des objets. Ce mouvement d'interrogation sur le destin de ces musées et de leurs collections est aiguisé du fait de la situation postcoloniale. La difficulté devient malaise après 1970. Un certain nombre de musées esquissaient des solutions, dans un esprit Nord-Sud n'oubliant pas les dimensions politiques et sociales. C'était le cas du Tropenmuseum d'Amsterdam.
En France, un comité sur la question du devenir des collections du MAAO se met en place à la même époque à l'initiative du directeur des Musées de France, Jacques Sallois, peu après le manifeste de Jacques Kerchache. Ce dernier a eu un rôle déterminant en allumant l'étincelle sur le plan des médias. Mais il lui a fallu attendre sa rencontre avec Jacques Chirac pour être entendu sur le plan politique.
Une troisième source des collections est constituée par les acquisitions réalisées par le musée du quai Branly. Elle commence dès 1997, avec la mission de préfiguration qui met en place une politique permettant d'acquérir près de dix mille œuvres. La première vague – un petit nombre de pièces, essentiellement des sculptures – est destinée au pavillon des Sessions ; la seconde se place dans la perspective de la présentation permanente du nouveau musée. Elle s'effectue de façon plus souple, dans le souci d'aller au-delà des aires de l'expansion coloniale française. Les collections les outrepassaient déjà, mais les anciens domaines belges, portugais ou anglais étaient lacunaires.
Le marché de l'art s'est développé au XIXe siècle, plutôt comme un marché de la curiosité avant que des collectionneurs s'intéressant à Cézanne et à Gauguin ne le développent en fonction des goûts des artistes d'avant-garde. Leur intérêt et celui des artistes s'amplifient au XXe siècle, entre les deux guerres. Ventes, expositions, revues qui n'existaient pas au XIXe siècle se multiplient. Les voyageurs négociants continuent aujourd'hui d'alimenter le marché et les musées.

Libérer les objets

Notre responsabilité, par rapport à ces témoignages de cultures qui pour certaines ont disparu, est de les rendre accessibles pour tous – y compris pour les pays dont ils sont originaires – et de les situer à égalité avec les autres types de collections. Le premier souci du musée a été de libérer les collections de nos catégories et des étiquettes afin de les replacer dans une situation où elles puissent être considérées comme œuvres à part entière, non tributrices d'une discipline. Les spécialistes impliqués dans leur étude sont plus nombreux que le terme de musée ethnographique ne le laisse dans un premier temps supposer : archéologues, historiens, historiens de l'art, anthropologues, ethnologues, linguistes, spécialistes des techniques... Ce musée comme les autres rassemble leurs différents regards. Il s'adresse à tous les publics et est le reflet de tous les modes de connaissance, y compris les regards des artistes d'aujourd'hui, ou des héritiers de ces cultures.

Qu'est-ce qu'un musée, sinon un lieu où sont rassemblés des fragments ayant perdu leurs fonctions initiales, un refuge qui donne à voir, à connaître, et qui révèle la capacité des hommes à produire des objets singuliers, "les formes de l'invisible", disait Malraux ? Les œuvres du musée du quai Branly sont des œuvres comme toutes les œuvres, ni plus ni moins. Le musée les place dans une perspective nouvelle liée au plaisir de voir, il formule des interrogations plus que des affirmations, il replace ces objets dans l'Histoire et dans leur histoire, échappant ainsi à l'opposition simplificatrice esthétique/contexte. Libérer les œuvres, c'est sortir les objets de ce faux dilemme.

Pour présenter ces œuvres, nous nous sommes arrêtés sur les grandes aires géographiques, Océanie, Asie, Afrique, Amériques. Nous y avons introduit des transversales, que Maurice Godelier, qui participait à nos séances de travail, envisageait comme des "polygones de contact". Ces transversales sont tantôt géographiques – Asie/Océanie/Insulinde, Machrek/Maghreb, Afrique/Amériques, autour des populations noires et de l'esclavage –, tantôt thématiques – les textiles (tapas, tissus non tissés) ou la musique, des séries d'objets, masques océaniens ou sculptures africaines. Nous avons encore mis en place des transversales de caractère anthropologique, telle l'idée de transformation formelle et symbolique des objets entre les deux Amériques, qui établit le lien entre les Amériques moderne et précolombienne... La place importante dévolue à la musique comme œuvre d'art s'exprime à travers la tour des instruments de musique, les boîtes dédiées et les programmes multimédias qui créent les conditions d'une bonne écoute et se gardent de trop de didactisme. D'autres boîtes en façade distinguent des ensembles très spécifiques avec des scénographies particulières : leur taille joue sur le sentiment d'intimité.

La circulation centrale ondulante proposée par Jean Nouvel dès l'origine forme la "rivière", bordée par le "serpent", un élément de mobilier hybride revêtu de cuir, d'épaisseur et de hauteur variables. Il constitue encore une transversale, pensée comme un lieu d'expérimentation novateur pour les handicapés visuels

Masque, Papouasie-Nouvelle-Guinée, Nouvelle-Irlande, XXe siècle (?), fibres végétales, baguette polychrome, écorce battue, plumes, graines, 66 x 73 cm.

Cape d'apparat *Mon-Ka-Ush-Ka*, « la terre qui tremble », États-Unis, région des Plaines, deuxième tiers du XIXe siècle, peau de bison, piquants de porc-épic, peinture, application, 111 x 247 cm.

cartels en braille, schémas tactiles en relief, sons... Le "serpent" s'intéresse à la question du lieu, évoque l'origine des collections, la façon dont l'homme organise son lieu de vie et ses relations avec le monde invisible.

Le multimédia, omniprésent, reste discret ; il n'est ni excessivement pédagogique ni spectaculaire. Plus sensible que didactique, il est utilisé comme instrument de médiation entre des collections et l'imaginaire.

Ces divers systèmes articulent le parcours spatial, donnent des orientations, des mouvements, des jalonnements et des ponctuations... Ils sont servis par la gamme de meubles et de vitrines proposée par Jean Nouvel. Un certain nombre d'objets ne sont pas protégés afin de préserver l'approche physico-sensorielle.

Le musée ne se limite pas à la présentation d'une collection permanente. Il n'est pas si grand (environ 10 000 m² de surfaces d'expositions, permanentes et temporaires). La vocation des expositions temporaires sur les mezzanines – expositions thématiques et expositions "dossier" – est de faire connaître les différents ensembles de la collection et de permettre une rotation des œuvres. Les expositions thématiques donnent lieu à des collaborations avec de grands musées. Entre 150 et 200 mètres carrés pour les expositions "dossier", elles sont assez restreintes en surface pour pouvoir donner lieu à des itinérances dans les pays occidentaux ou dans les pays d'origine. Tandis qu'avec la galerie Jardin, les grandes expositions monographiques s'ouvrent sur les cultures traditionnelles, en même temps que sur le contemporain. Elles traitent non seulement de l'art contemporain mais aussi de problématiques actuelles.

L'invitation au voyage

C'est bien d'abord l'architecture qui peut signifier le fait que ce musée ne concerne pas des objets tout à fait comme les autres. Jean Nouvel propose "une architecture tout à fait singulière pour des objets absolument singuliers". Il donne non pas un simple jeu de cimaises et de salles mais une totalité dans laquelle il inscrit les collections et les activités dans une confrontation constante entre le permanent et le temporaire. Le parcours dessine un cheminement subtil entre des espaces surprenants par leurs dimensions, leurs hauteurs, leurs tonalités, l'intensité de leur éclairement. La lumière prend une dimension scénographique majeure, le jeu d'apparition et de disparition engendre des résonances profondes dans le psychisme du visiteur.
La totale ouverture du plateau laisse peut-être moins de liberté. Son sol n'est pas horizontal, son plan peut sembler biscornu, l'architecte fait alterner le très haut et le très bas, tandis que les boîtes deviennent des écrins, des mondes en soi. L'espace refuse toute neutralité pour s'imposer au contraire comme vecteur de médiation forte entre les objets et le public. Cela est très stimulant, mais représente beaucoup de contraintes pour les conservateurs. Ces contraintes sont certainement dynamiques et nous ont conduit à établir des relations nouvelles entre les œuvres, les dispositifs de monstration, l'enveloppe du bâtiment, son jardin et la ville.
Le projet se garde de toute littéralité et n'entre pas dans une logique de reconstitution. Il cherche seulement à nous mettre en condition de comprendre des cultures profondément différentes qui échappent au domaine de la raison qui est le nôtre. La traversée du jardin jusqu'à l'entrée, le parcours de la rampe donnent physiquement l'idée d'une pénétration progressive dans un intérieur mystérieux.
Toute architecture est, dit-on, une sorte de voyage. On le vérifie ici. »

Né en 1939, Germain Viatte est conservateur général du patrimoine. Il a participé à la création du Centre Georges Pompidou, où il a été conservateur (1975-1985), puis directeur du musée national d'Art moderne – Centre de création industrielle (1992-1997). De 1985 à 1989, il a mis en place et conduit la direction des musées de Marseille, préparant la création du musée des Arts africains, océaniens et amérindiens de cette ville. Chef de l'inspection générale des Musées de France (1989, 1991), il a participé au développement des musées de société et suscité une enquête sur les ressources des musées français régionaux dans les domaines des arts africains et océaniens. Il a été nommé directeur du projet muséologique dans le cadre de la mission de préfiguration du musée de l'Homme, des Arts et des Civilisations, en 1997, et été reconduit en 1999 au sein de l'établissement public du musée du quai Branly. Il a également assuré la direction du musée national des Arts d'Afrique et d'Océanie de 1999 à sa fermeture.

Anne-Christine Taylor

Directrice du département de la recherche et de l'enseignement du musée du quai Branly

L'approche scientifique

« L'association entre l'univers de la recherche universitaire et le projet culturel et muséographique représente un défi, notamment en France où ce rapprochement a toujours soulevé certaines difficultés, en particulier pour ce qui concerne l'ethnographie. Cette situation tient à ce que conservateurs et chercheurs enseignants forment deux corporations distinctes ; ils sont formés et fonctionnent de manière différente, ont des circuits de légitimation et de validation spécifiques. Les conservateurs ont pour mission de gérer les collections nationales, ce qui comporte une dimension politique sous-jacente. Ils sont impliqués bon gré mal gré dans une histoire nationale. Les chercheurs en sciences humaines et en anthropologie se sont quant à eux progressivement détournés de l'étude des cultures matérielles. Pendant longtemps, ils ne se sont intéressés aux objets que dans la mesure où ceux-ci étaient considérés comme des sortes de symptômes, des manifestations de systèmes de représentation sous-jacents. La tradition française très originale inaugurée par André Leroi-Gourhan, si elle perdure chez les préhistoriens, est passée à l'arrière-plan en anthropologie. D'autres raisons tiennent à l'évolution des musées d'ethnographie, qui traversent une crise depuis vingt ans dans le monde entier. Tous sont entraînés dans un processus de redéfinition, de recréation, de remodélisation. Mettre en musée des objets qui viennent d'autres cultures pose toutes sortes de problèmes de légitimité à représenter, à "posséder". Il s'agit de possessions d'un genre très particulier : les objets sont des vecteurs d'échanges parfois très inégalitaires (l'échange n'est pas nécessairement pacifique pour être fécond). L'idée que seules les cultures concernées ont le droit d'assumer leur muséification me paraît très discutable : les objets ont toujours circulé et été valorisés par des cultures autres que celle de leur origine. Il est vrai que l'Occident a poussé l'idée du musée à un point extrême. Il faut cependant se rappeler que la Chine classique cultivait des pratiques de collection, et que des sociétés sahariennes ou subsahéliennes ont depuis longtemps des collections privées d'*exotica*. Beaucoup d'objets venant de cultures mortes sont revendiqués par des cultures vivantes. C'est un effet de la mondialisation. Le rapport à l'histoire comme vecteur central de la construction de l'identité, spécifiquement occidental, s'est mondialisé : nombre de sociétés se réclament d'un patrimoine qu'elles avaient oublié.

Un homme achuar orné de peintures faciales rouges.

Une pêche collective au *Garbasco* – un poison végétal qui asphyxie le poisson – chez les Achuars de l'Amazonie équatorienne.

Le projet de Paul Rivet à l'origine des collections du musée de l'Homme, qui s'attachait à donner une description scientifique objective des cultures du monde, est aujourd'hui scientifiquement mort. Il a commencé à se déliter relativement peu de temps après la création du musée de l'Homme, avec le démembrement progressif et sans justification réelle d'ensembles et le départ de certaines collections, à Guimet ou ailleurs. Le projet encyclopédique de Rivet sur lequel vivait le musée de l'Homme de manière quasiment automatique avait de moins en moins de pertinence et de légitimité scientifique. Les scientifiques et anthropologues, parce qu'ils avaient perdu l'habitude de dialoguer avec des muséographes, n'avaient pas de projet alternatif à proposer. Le projet présidentiel du musée du quai Branly a permis de sortir de la vacance d'un vrai projet intellectuel. Les vives réticences des anthropologues, qui se sentaient dépossédés de leur héritage, ont obligé les deux partis à reconfigurer, à préciser, à réinventer leurs projets respectifs, ce qui n'est pas sans effets tangibles sur le paysage institutionnel et scientifique.

Un objet peut-il parler seul ?

L'idée qu'il faille sortir les objets de la gangue poussiéreuse dans laquelle pouvait les enfermer leur qualification d'objets ethnographiques, afin de libérer leurs capacités d'expression, est très sympathique à l'anthropologue que je suis. Les cartels assènent des affirmations tombées du ciel dans une pseudo-objectivité scientifique ; un "objet rituel dogon" n'est pas un fait de nature mais une désignation choisie par une communauté scientifique particulière à un moment historique précis. Un Dogon ne fabrique pas un objet pour faire un objet rituel, mais pour qu'il ait un réel impact. Les objets sont bien chargés d'intentionnalités sensibles. Reste que si le musée jouait de manière systématique et constante sur la corde de beaux objets mesurés à l'aune de la valeur de ceux qui sont sur le marché de l'art primitif, il irait vers l'échec. Le propos du pavillon des Sessions du Louvre de présenter ces objets au même rang que les chefs-d'œuvre occidentaux est tout à fait recevable. Mais celui d'un musée d'ethnologie comme celui-ci est fondamentalement de rendre sensibles des façons autres de construire le monde, avec les dimensions formelles et intellectuelles que les populations ont investies dans ces objets. Si le musée du quai Branly réussit à créer un décentrement du regard, il aura gagné son pari.

Trois mille huit cents objets seulement sont exposés sur près de trois cent mille : un tel musée ne montre que certaines choses, il n'est pas un reflet du monde. Mais par le biais des expositions temporaires qui se déploient dans la moitié des espaces d'exposition, les objets sortis des réserves sont proposés sous un regard chaque fois différent, qui n'est pas seulement un regard d'esthète ou de collectionneur.

Conservateurs et ethnologues ont cherché à inventer des modes de contextualisation qui fassent travailler l'imagination du spectateur, en jouant sur des scénographies plus riches et moins dogmatiques, où ne sont occultés ni celui qui parle ni le contexte dans lequel il parle. Les techniques d'installation inspirées de l'art contemporain cherchent à retrouver les conditions de visualisation prévues par l'artiste qui a produit les objets pour les gens à qui ils sont destinés.

La muséographie de Jean Nouvel renouvelle en profondeur la présentation des objets avec une approche sensorielle, sensuelle, évocatrice. Elle joue beaucoup plus sur l'imagination que sur la mise en avant d'un discours dit "scientifique". Elle recherche une sorte de mise en vibration, de déstabilisation du visiteur, dès les premiers instants de sa visite. Cela ne me trouble en aucune façon, bien au contraire.

Offre scientifique, offre culturelle

Le musée n'est ni une université ni un laboratoire. Nous tournons le dos aux formules mises en place jusqu'ici dans les musées à caractère discursif ou scientifique, dans lesquels des laboratoires sont implantés en parallèle.

Nous avons préféré essayer de trouver une formule institutionnelle nouvelle pour faire accroche avec la communauté scientifique, au-delà de la muséographie. Notre propos est de faire de ce musée un centre de production et de diffusion de savoirs autour du thème spécifique de l'anthropologie et de l'histoire des arts. Cette approche donne à l'institution une identité claire sur le plan national ou international et met en cohérence ses deux composantes "patrimoine et collections" et "recherche et enseignement".
L'idée est de fonctionner sur le mode de l'Institut national d'histoire de l'art ou sur celui de la villa Médicis, comme un lieu d'accueil temporaire pour des projets individuels ou collectifs. Cela passe par l'invitation de chercheurs étrangers, par des bourses, des partenariats avec d'autres institutions afin de mettre en place des réseaux de recherche internationaux, par le développement d'outils d'aide à la recherche, tels que des bases de données ou des applications informatiques innovantes.
Le même principe a été retenu pour l'enseignement. Des enseignants sont invités à délocaliser au musée leurs cours, qu'ils peuvent construire autour d'objets sortis des réserves. Cette ouverture met en cohérence l'enseignement et la recherche avec ce que propose le musée.
Un des débouchés de ce programme est l'organisation de colloques interdisciplinaires, par exemple sur l'histoire de l'art et l'anthropologie et la question des croisements de regards entre deux disciplines sur le même type d'objets. À une échelle moindre, il peut s'agir d'ateliers ou de *workshops* où des chercheurs sont invités à échanger pour quelques jours dans le cadre des programmes de recherche soutenus par le musée. De même, des écoles thématiques (entre atelier et formation permanente) permettent de faire le point sur une question particulière.
Reste que les moyens sont inégaux entre la part du musée et celle de la recherche. L'établissement se place dans la logique d'une offre culturelle destinée au grand public. Et la question demeure ouverte de savoir quoi faire des collections proprement ethnographiques. »

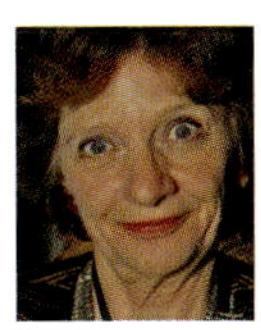

Après des études de sociologie et d'ethnologie à Paris et Oxford, Anne-Christine Taylor a obtenu un doctorat consacré aux Indiens Achuars de l'Amazonie équatoriale, sous la direction de Claude Lévi-Strauss. Chercheuse au CNRS, elle y a notamment dirigé l'équipe de recherche en ethnologie amérindienne. Américaniste reconnue, elle a enseigné en France, à l'École des hautes études en sciences sociales, à l'École pratique des hautes études, à l'université Paris X-Nanterre, mais aussi en Amérique latine, à Madrid, à Chicago et à Madison (Wisconsin). Directeur de recherche au CNRS, elle a rejoint en 2005 le musée du quai Branly.

Hélène Cerutti

Directeur du développement culturel et des publics du musée du quai Branly

L'invention des programmes

« Hors les objets d'art reconnus comme tels, que faut-il construire aujourd'hui ? Quelle est la suite logique de la collection ? Comment appréhender la production contemporaine non occidentale, comment faire saisir la vie contemporaine de ces objets venus d'ailleurs ? Voici quelques-unes des questions qui nous animent dans la programmation que nous nous proposons de traiter. Les expositions posent essentiellement la question de l'aujourd'hui. Mais, parlant des autres, elles ont aussi pour fonction de réfléchir aux regards que les autres posent sur nous. Elles font nécessairement miroir avec l'Europe. Ces collections non occidentales ont été pour certaines produites en forte interaction avec les Occidentaux. Quand par exemple les Allemands colonisent la Nouvelle-Irlande au XIXe siècle, ils accélèrent la production des objets ; en la forçant, ils la modifient, la taylorisent et la contaminent. Cela exprime combien il est important d'établir un point de vue comparatif avec le monde européen.

L'anthropologie d'hier regardait les autres avec une loupe tendre, celle d'aujourd'hui s'attache à établir ces points de vue comparatifs entre continents. Il n'y a plus de *terra incognita*, vous êtes le énième anthropologue depuis un siècle ; l'autre, habitué à votre regard sur lui, vous manipule. En tant qu'Européen, vous êtes "dedans", inclus dans le dispositif de questionnement. Vous faites beaucoup plus de l'anthropologie de la relation, ce qui implique de parler aussi de l'Europe compte tenu du jeu de miroirs ainsi établi : exprimer quelle est la pensée du corps en Nouvelle-Guinée fait nécessairement référence à la pensée du corps en Europe. Le cadre de l'exposition permet de mettre en jeu les points de vue contemporains de l'anthropologie et donc d'établir une relation entre objets européens et objets autres.

Ce sont le plus souvent l'histoire et la distance du temps qui autorisent à dire : "Ce sont des œuvres." La notion d'œuvre renvoie encore à la création contemporaine : je pense par exemple à Yinka Shonibare ou à Romuald Hazoumé. En outre il existe une différence entre le concept occidental de l'objet, selon lequel l'objet reste un objet, et le concept non occidental de l'objet, où il arrive qu'il soit considéré comme un sujet temporaire, lors de rituels. Ces "objets sujets" peuvent être destinés à être détruits : ainsi un grand masque ou une couronne en feuilles dans un rituel du Kerala, quand un homme prend la figure du dieu avant de jeter ses habits au feu… C'est le cas de certains objets de notre collection.

Scénographie du spectacle *Desert Blues* présenté en juin 2007 ; dessin préparatoire de Michel Jaffrennou.

19/4/05. Désert B
8 m Ø
12 m
20 m
20 m
Vue zénithale
écran-disque
écran soleil = 8 m Ø
Ligne = 12 m.
Soleil miroir
28 musiciens
9m
reflet
projection
Desert Blues
M/05 Avril

On y rencontre également des objets modestes, des objets qui servent la vie quotidienne, des objets corporels, par exemple ces colliers d'Indiens d'Amazonie qui ont leurs jumeaux intérieurs... L'intériorité, l'intimité d'un objet ou son rayonnement ne passent pas forcément par une muséification. Lorsque nous pensons programmation, il est intéressant de se demander d'abord si, au fond, le média le plus adapté est bien l'exposition. Nous disposons d'une palette de moyens : le film ou le livre conviennent quelquefois mieux pour traiter de certains thèmes ou éclairer le sens d'un "objet sujet".

La qualité plastique des objets est un élément déterminant de choix. Cela ramène à la question de ce qui fait œuvre ou non et à celle du discours d'accompagnement. Le média exposition repose sur la monstration de l'objet, ce qui ne permet pas de traiter n'importe quel thème. Il faut chaque fois trouver les moyens spécifiques pour véhiculer un discours. Comment par exemple traiter de l'idée de paysage dans les pays non occidentaux, sans passer par l'objet ? Toutes les questions liées à la perception, à la mémoire, au langage appellent de nouveaux modes d'exposition, plus immersifs et sensibles.

La contrainte est source de créativité. En interdisant le cloisonnement et donc l'idée de "salles", les espaces dédiés aux expositions obligent à l'invention. Nous disposons avec eux d'outils de formes différentes qui invitent à explorer des formes à leur tour différentes, selon la nature et le discours de chaque exposition. Sans doute poussent-ils davantage à l'installation qu'à la simple et classique monstration.

Volume du trophée d'armes de l'exposition *D'un regard l'Autre* ; automne 2006 ; scénographie Thomas Hugon et Stéphane Maupin.

La rampe de la galerie Jardin autorise des vues plongeantes particulièrement intéressantes, tandis que, sur les mezzanines, les plafonds varient en hauteur, alors que leur sol est plan. Je remarque que, dans les mises en concurrence organisées pour l'attribution de la muséographie des expositions temporaires, les projets architecturaux qui séduisent sont ceux qui dialoguent avec ces espaces et s'appuient sur leur caractère flottant. Dans la galerie Jardin, le mouvement ascendant des courbes qui la définissent représente une difficulté. Il peut apparaître antinomique avec la station qui est le propre de l'exposition. Mais il pousse à éviter la reconstitution. Amplifie-t-on le mouvement ? Se sert-on de lui ? Cherche-t-on au contraire à l'arrêter et à fabriquer du contre-mouvement ? C'est une problématique infinie, un vrai champ des possibles. La collection des solutions apportées est déjà surprenante. Il est amusant de remarquer que ce bâtiment invite non seulement à l'invention, mais aussi à la profusion. On observe aujourd'hui dans les musées d'art primitif une tendance lourde à la sacralisation. Le temps est encore à la reconnaissance de ces objets comme égaux aux grands chefs-d'œuvre occidentaux ; cette attitude parfaitement respectueuse conduit à muséographier à outrance autour d'un nombre restreint de pièces ; une attitude commune aussi bien à la section d'art africain du Smithsonian de Washington qu'au pavillon des Sessions du Louvre... À l'inverse, l'exposition d'Yves Le Fur *D'un regard l'Autre*, présentée dans la galerie Jardin, a rassemblé dans un premier temps plus de mille objets. L'espace de la galerie Jardin consomme de l'objet, tel un ogre, et appelle la profusion.

La relation que nous entretenons avec le bâtiment ne se cantonne pas à ses intérieurs. La programmation investit l'environnement proche et plus lointain. De même que le bâtiment a été conçu dans ses articulations avec la ville, elle s'appuie sur la situation exceptionnelle du musée. Le premier atout de celui-ci est son emplacement en bord de Seine. Il est apparu assez vite que les quais, la colline de Chaillot et ses institutions pouvaient accueillir des manifestations à l'échelle du quartier. La première consiste en une biennale de photographie contemporaine non eurocentrée. La relation entre le bâtiment, le jardin et la Seine a conduit la définition spatiale des événements programmés dans les murs et hors les murs, dans le jardin et dans la ville. La photographie investit les quais, la palissade de verre, les boîtes, les chemins du jardin, dans un jeu entre les formats et les supports, du plus grand jusqu'à la miniature. Ce que cet édifice produit en termes de beauté, de majesté comme d'intimité me ravit.

L'auditorium est pour sa part destiné à avoir sa vie propre. Il n'est pas astreint à accueillir des manifestations qui illustreraient les expositions temporaires. Dans sa singularité, il est à la fois salle de spectacle et chaire universitaire, dehors et dedans. Il donne une grande liberté d'approche des formes du spectacle et permet des configurations très diverses, offre la possibilité de montrer la production de créateurs contemporains, d'inviter à croiser les regards. C'est un outil très modulable, à la fois majestueux et intime. Sa connotation organique, forêt sombre nostalgique de la mère nature, se prête bien à des utilisations multiples : rituels, cultures urbaines, artistes nationaux, chamanisme, défilés de mode, etc. Nous avançons à petits pas dans toutes ces directions.

Les inventions de Jean Nouvel, qui a proposé des dispositifs peu ordinaires, invitent pour les spectacles comme pour les expositions à l'imagination et à l'interrogation, à la profusion et à l'expérimentation. Ce sont autant d'antidotes salutaires contre le risque de sacralisation et de pétrification muséales. »

Hélène Cerutti a mené des études de théâtre et de dramaturgie, notamment auprès de Niels Arestrup, après avoir été diplômée d'HEC. Entre 1992 et 1995, elle coordonne la mise en œuvre des différents programmes du Centre Georges-Pompidou. Elle est successivement codirectrice du Centre dramatique national de Bourgogne et directrice adjointe du festival Paris Quartiers d'été, avant d'assurer une mission de définition sur la politique éducative et le programme d'exposition de la future Cinémathèque de France. Elle a rejoint l'établissement public du musée du quai Branly en 2002, pour y créer la direction qu'elle assume.

Présence-absence

ou la dématérialisation sélective

« C'est un musée bâti autour d'une collection. Où tout est fait pour provoquer l'éclosion de l'émotion portée par l'objet premier ; où tout est fait, à la fois, pour le protéger de la lumière et pour capter le rare rayon de soleil indispensable à la vibration, à l'installation des spiritualités. C'est un lieu marqué par les symboles de la forêt, du fleuve, et les obsessions de la mort et de l'oubli. C'est l'asile où sont accueillis les travaux censurés ou méprisés aujourd'hui conçus en Australie ou en Amérique. C'est un endroit chargé, habité, celui où dialoguent les esprits ancestraux des hommes qui, découvrant la condition humaine, inventaient dieux et croyances. C'est un endroit unique et étrange. Poétique et dérangeant. Le construire ne peut se faire qu'en récusant l'expression de nos actuelles contingences occidentales. Exit les structures, les fluides, les "menuiseries" de façade, les escaliers de secours, les garde-corps, les faux plafonds, les projecteurs, les socles, les vitrines, les cartels... Si leur fonction par la force des choses doit demeurer, qu'ils disparaissent de notre vue et de notre conscience, qu'ils s'effacent devant les objets sacrés pour autoriser la communion. Facile à dire, plus difficile à faire... Et l'architecture qui en découle a un caractère inattendu. Est-ce un objet archaïque ? Est-ce l'expression de la régression ? Non, tout au contraire, pour arriver à ce résultat, les techniques les plus pointues sont convoquées : les verres sont grands, très grands, très clairs, souvent imprimés d'immenses photographies, les poteaux aléatoires dans leur positionnement et leur taille se prennent pour des arbres ou des totems, les brise-soleil en bois gravés ou colorés supportent des cellules photovoltaïques... Mais, peu importe les moyens... Seul le résultat compte : la matière par moments semble disparaître, on a l'impression que le musée est un simple abri sans façade dans un bois.
Quand la dématérialisation rencontre l'expression des signes elle devient sélective. Ici l'illusion berce l'œuvre d'art.
Reste à inventer la poétique de situation : c'est un doux décalage, le jardin parisien devient un bois sacré et le musée se dissout dans ses profondeurs. »

Lettre d'intention de Jean Nouvel pour le concours international d'architecture (1999).

Les pages qui suivent
rendent compte du regard
de Dolorès Marat, photographe
née à Paris en 1944,
sur la galerie du musée.

Un musée autrement

« Il s'agit d'abord d'accueillir une collection, avant de l'exhiber, et de créer un lieu qui lui corresponde. Quatre continents sont représentés ici au travers d'objets en provenance de la forêt, du désert, du fleuve... de croyances méconnues, de rites difficiles à comprendre. Je voulais que ces objets soient accueillis sur un territoire qui pourrait être le leur, dans une architecture protégée, masquée par le végétal qui, comme un pont, découvre à une certaine distance, au travers des arbres, une transition entre notre civilisation et celles qui sont ici représentées. Le contraste est volontairement fort entre les espaces très clairs du rez-de-chaussée, voué aux expositions temporaires, et la collection permanente à l'étage, dans la pénombre de la grande galerie. C'est un lieu habité, dont le vitrail reprend des paysages liés aux origines des objets. Le trouble est accentué par la disposition des lieux, l'absence de cloison, qui favorise un cheminement aléatoire, d'objet à objet, sous un ciel artificiel où des projecteurs créent une véritable cosmographie. Rien n'est plan, rien n'est droit, une partie de la galerie est en pente. Les vitrines sont surdimensionnées, leur structure est gommée par le verre qui progressivement s'assombrit. L'émotion de la découverte est dissociée de l'information proprement dite.
Avec Germain Viatte et les conservateurs, nous avons également identifié vingt-huit salles spécifiques, situées en saillie de la façade nord, dans lesquelles s'établit un dialogue direct entre les objets et une architecture intérieure qui leur est dédiée. Voilà le dispositif. La grande caractéristique a été de travailler autour de la collection, ce qui permet de créer ce lien particulier avec les objets présentés. Rares sont les musées qui ont tenté l'aventure, mais je pense souvent au Castelvecchio de Vérone, un chef-d'œuvre de Carlo Scarpa.
La façade "parisienne", sur le quai Branly, est au milieu des arbres et des reflets. Elle prend la couleur du ciel et son ambiguïté est totale. C'est un bâtiment fait pour être lu par fragments, de loin, au travers des filtres successifs de la végétation et de l'écran de verre du quai Branly. Nous sommes là dans ce que j'appelle la dématérialisation sélective : il y a certaines choses que j'ai choisi de faire oublier. De nuit, le musée est éclairé par en dessous. L'artiste Yann Kersalé a imaginé un éclairage qui passe du blanc au bleu et au vert, une matière

lumineuse qui se mélange aux graminées. C'est un lien subtil entre l'architecture du musée et le jardin de Gilles Clément. Et puis il y a bien sûr le dialogue avec la silhouette de la tour Eiffel qui se reflète dans les bassins de la terrasse. Une terrasse exceptionnelle par son emplacement, ses dimensions et le panorama qu'elle découvre. Le bâtiment fait oublier tout ce qui constitue la plupart des détails de l'architecture contemporaine : la technique, les faux plafonds, etc. On est ici dans des registres plus subtils, plus difficiles à saisir aussi. C'est un jeu de brouillage, un jeu sur des absences recherchées. Tout ce qui est montré est en relation avec le caractère des lieux. Le reste est récusé. C'est un bâtiment qui joue sur l'improbable, le vague, l'incertain. Mais j'espère qu'il est précis dans les sensations recherchées. »

Propos de Jean Nouvel recueillis par Bertrand Fabre, Dominique Errard et Jacques-Franck Degioanni et publiés dans *Le Moniteur des travaux publics et du bâtiment*, 9 juin 2006.

Maxence Rifflet, né en 1978 à Paris, est photographe indépendant. Son reportage sur le musée a été réalisé à l'été 2006.

La galerie

Ces objets sont chez eux.
Pris dans leur histoire et leurs histoires, ils murmurent entre eux. Installés dans la profusion, mais isolés, protégés. L'intimité qu'ils partagent est leur. La galerie leur est une demeure. Soustraits à leurs mondes, ils habitent celui de la mémoire qu'ils portent avec eux. Ils sont rendus à leur seule présence, irradient de leur aura. L'univers qui les abrite désormais a été conçu pour eux, mais ils regardent ailleurs, vers d'autres lieux et d'autres temps. Dans la pénombre des impressions, ils échappent à la pétrification du regard de Méduse, ce regard muséal clair qui les aurait glacés dans la contemplation, la délectation ou l'appréciation de leur valeur.

Un archipel

Ce monde rassemble quatre continents dans une seule géographie, comme il assemble les époques dans un temps unique et singulier. Archipélagique, il invite à la découverte. L'exploration est sensorielle autant que visuelle. Car ce qui a été construit ici, ce ne sont pas des limites assemblées selon les hiérarchies et les repères de notre raison. Mais des échappées qui, parce qu'elles désorientent sans égarer, ouvrent les chemins de l'autre.

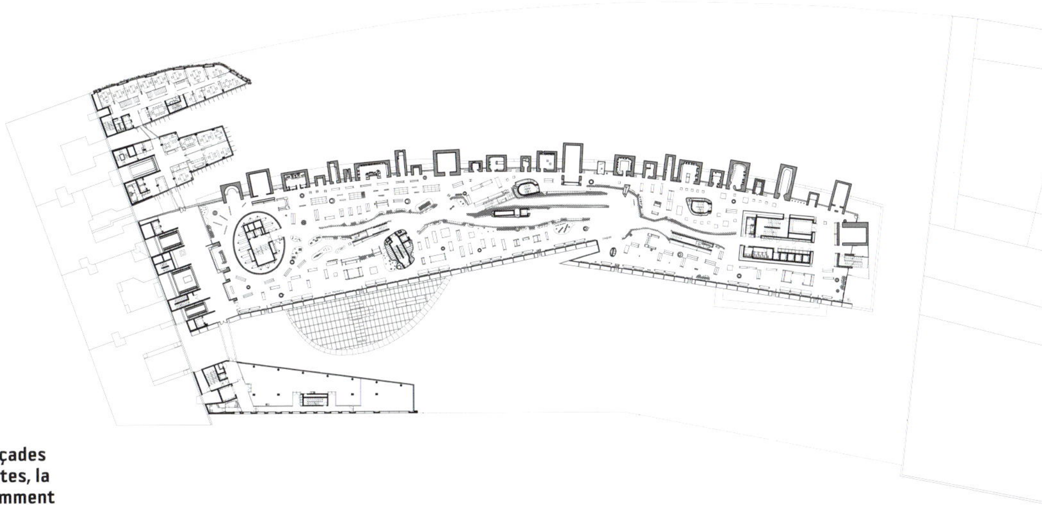

Plan du niveau
de la galerie

Étirée entre deux façades profondes et distinctes, la galerie varie constamment d'amplitude.

Plan des sols

Les couleurs du sol dessinent les continents que sépare une rivière serpentante. Trois îles à la géométrie polyédrique flottent au-dessus.

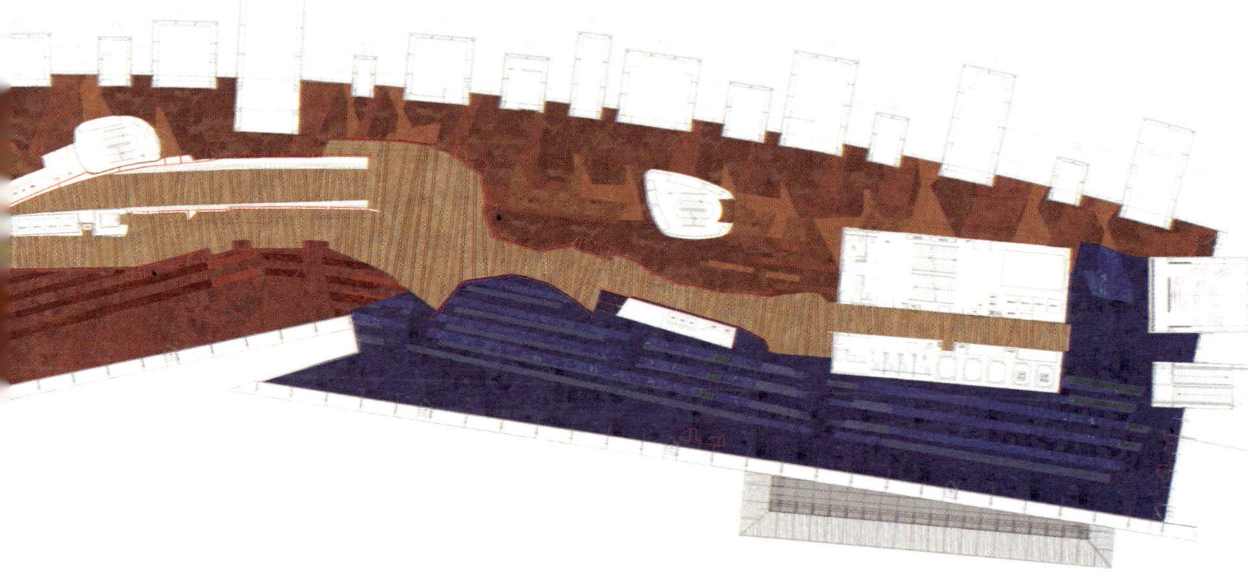

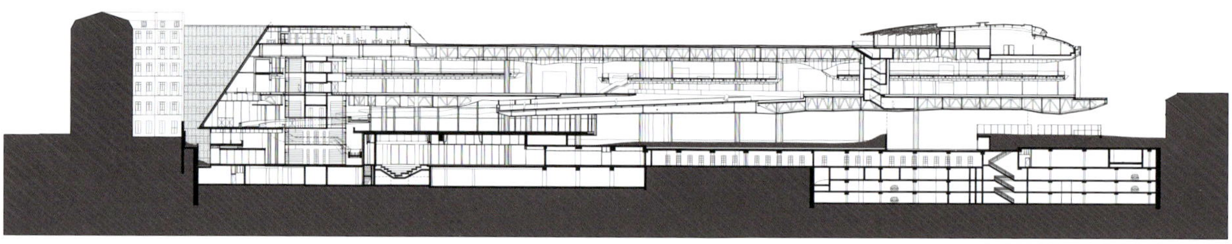

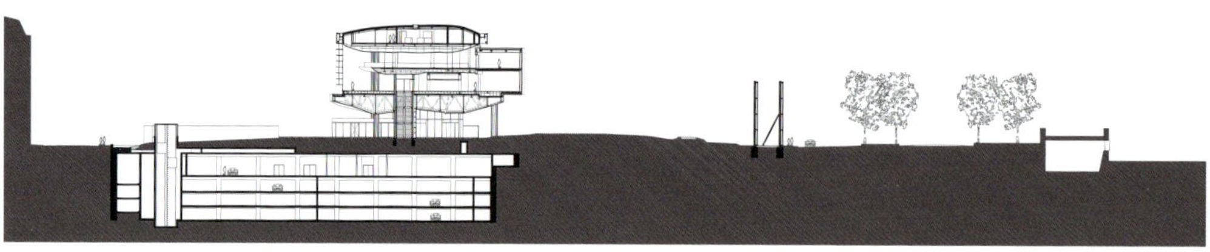

Coupes en long et en travers

Cet univers, porté par des colonnes épaisses comme des arbres, est détaché du sol. Le plafond est un ciel obscur, la lumière vibre : ce lieu est le foyer d'une accommodation.

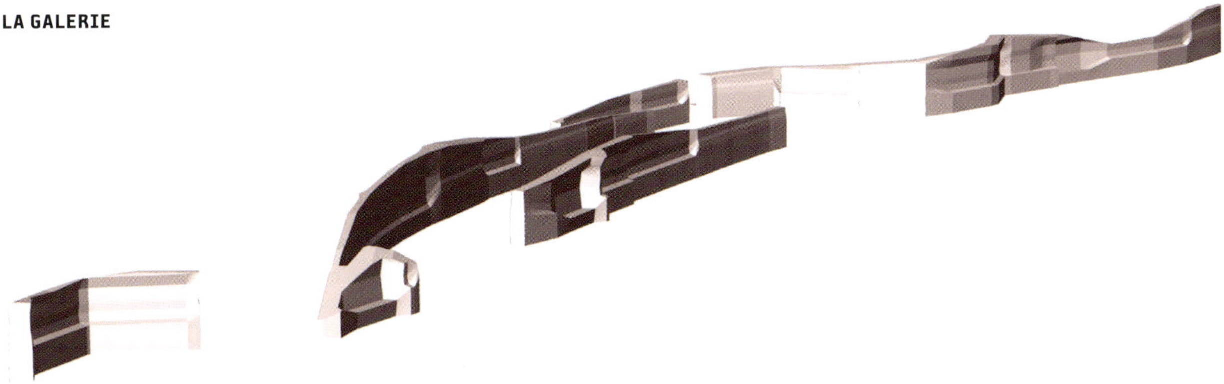

La rivière

La rivière centrale est délimitée par de longs meubles sinueux, le « serpent ». Habillé de peau, il se modèle pour abriter des pauses ou délivrer des messages qu'il est possible de voir, écouter ou caresser. Ce paysage évoque les cartographies mentales et spatiales des civilisations.

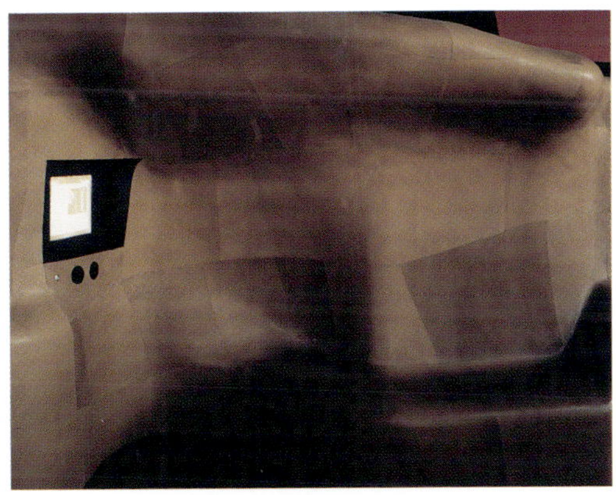

Les boîtes

Les vingt-huit boîtes en saillie des façades abritent autant de lieux singuliers où se tiennent des ensembles particuliers. Elles se creusent comme des grottes ou déclinent de petites salles dont l'atmosphère est nourrie par ce qu'elles abritent.

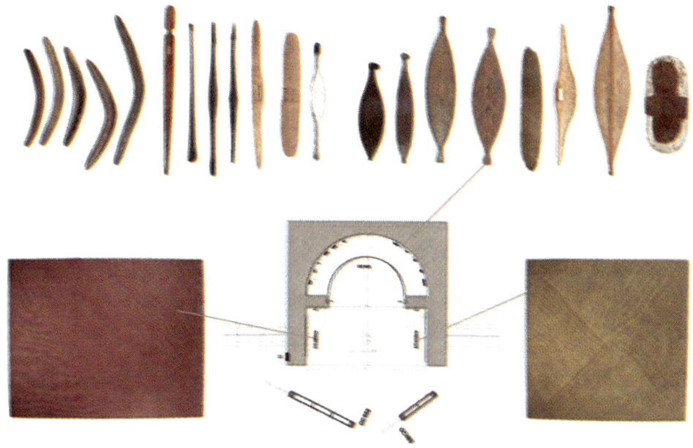

Le jardin

Si le plateau de la galerie est arraché au sol, c'est pour laisser tout le terrain, ou presque, à un jardin.

Conçu par Gilles Clément, cet autre archipel n'est pas seulement un agrément offert à la ville. Il partage avec le plateau le même souci de déverrouiller nos dogmes mentaux et ouvre lui aussi une profondeur. Il met à distance le bâtiment, pour le masquer ou le découvrir depuis le quai ou la rue de l'Université. Il creuse encore des cheminements qui éloignent de notre univers pour initier à un paysage et à des parcours. Les merlons et les creux, qui modèlent ce paysage et tracent ces parcours, absorbent le visiteur dans un monde botanique parsemé de clairières, ponctué de silences, traversé par la diversité, à l'image de celle des mondes qu'il vient rencontrer.

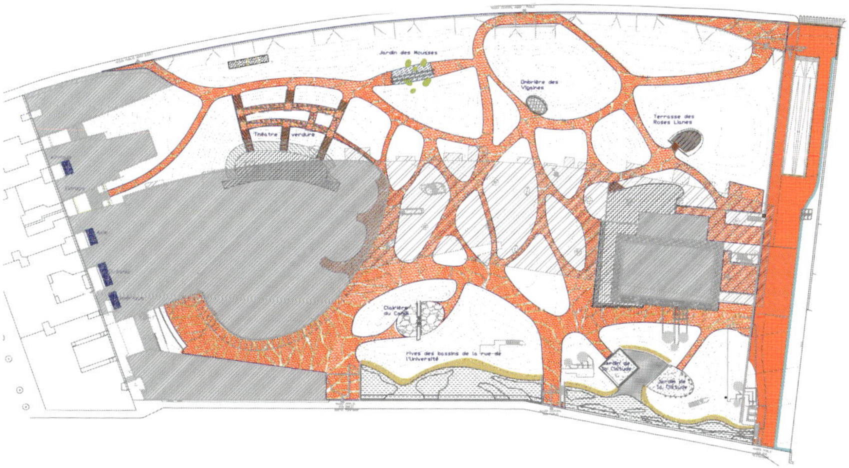

Plan de cheminements

La végétation est sur trois étages : frondaison des grands sujets et des cépées côté Seine, arbres à fleurs côté rue, et tapis de graminées au sol.

Sur le quai

Depuis le quai, l'étage de la galerie et ses boîtes colorées ne se discernent aux beaux jours qu'à travers le filtre des feuillages des arbres du quai et du jardin. Ils se confondent avec les sérigraphies sur la surface réfléchissante de la galerie, derrière les croisillons de bois. Le long du trottoir, une palissade de verre s'intercale, sur laquelle sont déposées ou projetées, de nuit, les empreintes d'autres arbres, quand elle ne les reflète pas. Cela pour effacer tout effet d'affichage.

Façade sud, quai Branly

Le musée apparaît dans sa singularité : sans modèle, il ne se donne pas en modèle.

Sur la rue

Le jardin passe d'un côté à l'autre, sans pâtir autrement de la masse qui le surplombe et dont la sous-face est estompée par des pans coupés. D'un côté à l'autre, le paysage n'est pas identique. Il cède ici à l'eau, aux joncs et aux massettes de roseaux, à une futaie d'arbres de moyenne venue : il est en prise avec la rue qui le longe.

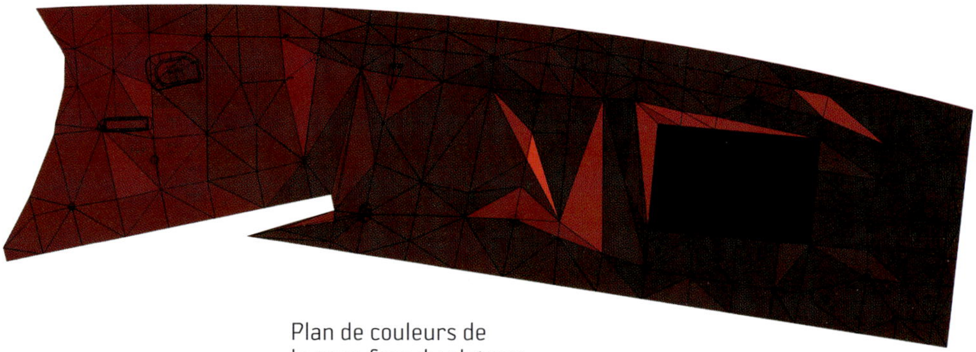

Plan de couleurs de la sous-face du plateau

L'entrée

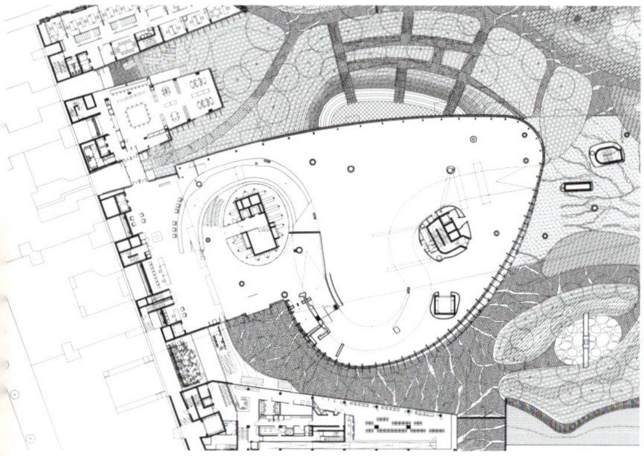

Il faut passer d'un monde
à l'autre, du nôtre aux autres,
du jardin à la galerie,
du dehors au dedans.

Cela ira sans rupture, dans la progression d'un glissement, par un chemin indirect, auquel invite déjà la courbe du volume blanc, vitré et opalescent qui se retourne sous la galerie. Il correspond à la galerie Jardin, grande salle d'exposition temporaire travaillée par les courbes et les contre-courbes d'une rampe qui la pousse, du côté de la rue, à déborder de l'aplomb de la grande galerie.

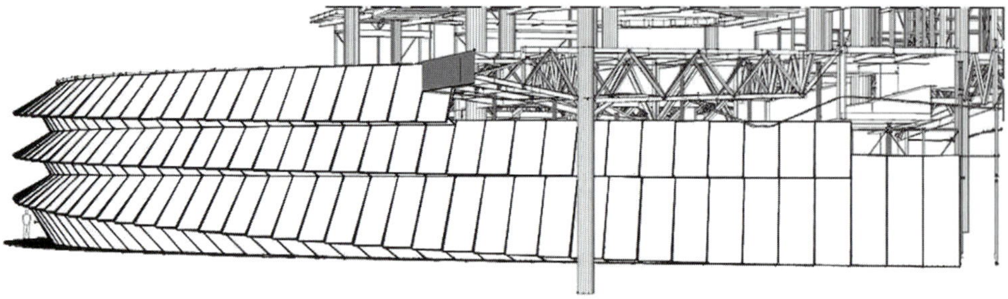

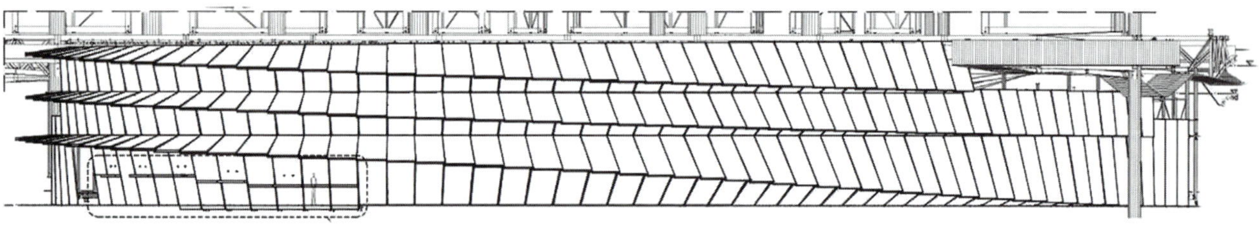

Perspective en écorché sur la galerie Jardin

La structure métallique du plancher du plateau se dévoile à l'intérieur.

Comme un derviche

La courbe de la façade de la galerie Jardin se soulève en tournoyant, comme la jupe d'un derviche sous le transport du souffle de son mouvement. Le passage se resserre, la porte d'entrée est dans un de ses plis. Elle est tout sauf imposante, ce n'est qu'un seuil, un moment d'une élévation appelée à se poursuivre, et dont ce gonflement de lumière s'est fait l'expression.

Le hall d'accueil

Se découvre dans son ampleur le hall d'accueil, dont la verticalité est mesurée par le mât Seligman qui naguère était sous la colonnade d'entrée du musée de l'Homme au Trocadéro. De grands pans biais, autres ouïes de lumière, masquent à la vue les cours des immeubles voisins sur les pignons desquels se cale le bâtiment du musée.

La rampe

La rampe commence par s'enrouler autour d'une tour vitrée qui parcourt les trois grands niveaux du musée et abrite la réserve des instruments de musique. Elle se soulève doucement en sinuant, se déploie par la suite sur 180 mètres en offrant des points de vue changeants sur la lumineuse galerie Jardin qu'elle traverse, jusqu'à crever l'épaisseur du plafond avant de déboucher dans la pénombre du plateau des collections.

Les rencontres

Depuis le hall d'accueil, un autre escalier s'enroule autour de la tour Musique.

Il plonge vers le niveau inférieur, consacré aux rencontres : celles qu'abritent le théâtre et ses foyers, un cinéma, des salles pédagogiques et les réserves. Dans la tour, les instruments de musique de toutes natures ne sont pas seulement conservés : ils vibrent, palpitent, résonnent. Le musée est lui-même un de ces étranges instruments, assemblage étonnant et réglé de parties hétérodoxes.

AFRIQUE

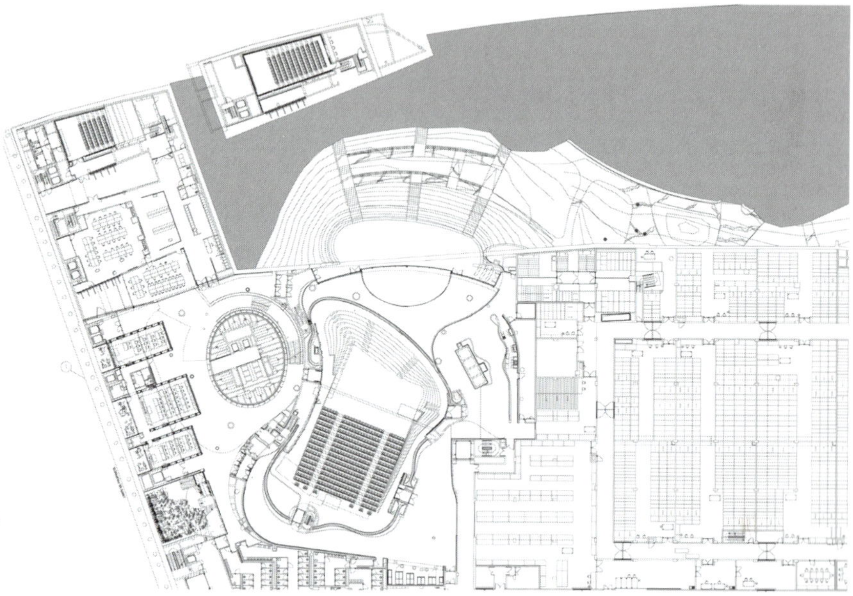

Plan du niveau bas

C'est à ce niveau que sont conservées les réserves du musée. La tour est tangente au théâtre, tandis que des salles pédagogiques s'adossent à la limite ouest.

L'escalier

Il se glisse derrière la tour, contre la paroi moulée étanche qui protège ce niveau des risques d'inondation.

Les réserves

Depuis l'un des foyers du théâtre, une large ouverture ménage une vue sur les réserves.

THEATRE
CLAUDE LEVI-STRAUSS

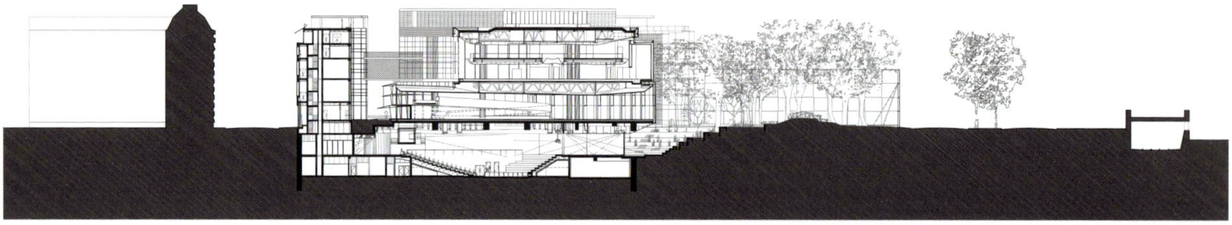

Coupe en travers
au niveau du théâtre

Théâtre et amphithéâtre de verdure sont en continuité.

Le théâtre Claude Lévi-Strauss

Le théâtre est riche de multiples configurations, en réponse aux rencontres auxquelles il invite. D'un côté de la scène, des gradins ordonnés, de l'autre, les courbes de niveau d'une butte.
Une grande baie, escamotable, la sépare d'un amphithéâtre de verdure extérieur, par lequel le jardin et la lumière plongent et s'introduisent dans la salle qu'ils contaminent de leur morphologie.

Le rideau

La salle peut être délimitée de ses foyers et isolée de l'amphithéâtre par un riche rideau, conçu par Naoki Takizawa.

Les liaisons

Dans ses parties essentielles, le musée est un organisme étrange, étranger. Il pourrait être incongru ; il est cependant à Paris, dans les beaux quartiers. La palissade de verre sur le quai, déjà, le met à distance sans l'isoler. Une série d'édifices appuyés sur les pignons arrière des immeubles riverains de l'avenue de La Bourdonnais, du côté de la tour Eiffel, et disposés en peigne abritent les services du musée. Ils sont chacun spécifiés à leur manière, lui donnent un ancrage à la fois singulier et respectueux, avec un art consommé de l'à-propos urbain.

Sur le quai Branly

Mouvante au gré des saisons, la façade végétale qui habille l'immeuble sur le quai a été conçue par Patrick Blanc. Une nappe d'irrigation en feutre, agrafée sur un pvc qui la protège, isole la façade. Elle ménage des godets où se logent les racines des plantes nourries par un arrosage hydroponique régulièrement dispensé. Les façades intérieures des bureaux à l'angle sont dotées du même système.

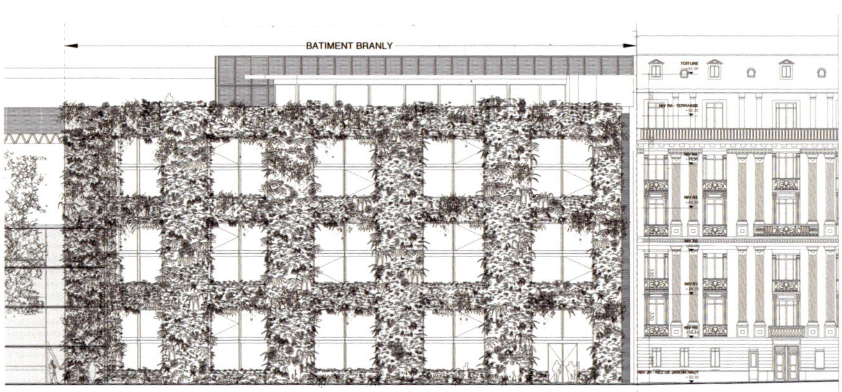

Élévation sud

L'édifice est dans les gabarits de son voisin haussmannien. À hauteur de comble, sur la terrasse, la salle du conseil d'administration.

Sous l'auvent

Adossé à un autre pignon riverain, un second édifice, couronné par un auvent, regarde le jardin. Les façades sont munies de lames brise-soleil qui pivotent sur des sabots orange. Leurs vibrations renvoient aux croisillons de la charpente de la tour Eiffel. Des passerelles aériennes lient les immeubles entre eux.

Coupe sur le peigne

De la rue au quai, la coupe fait apparaître la succession des édifices de service.

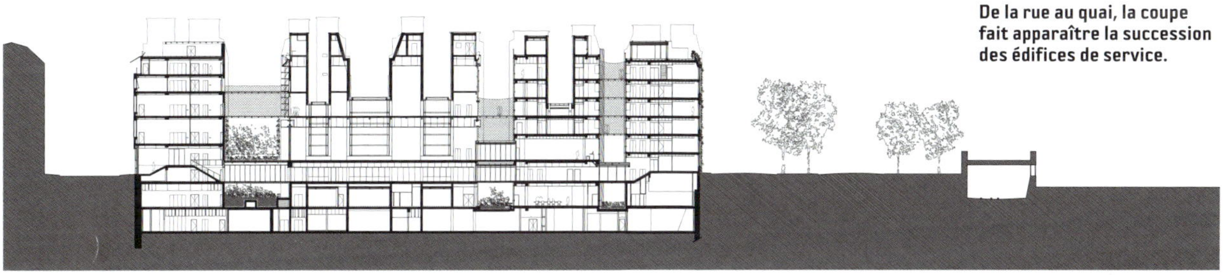

La salle Kerchache

Au rez-de-jardin de l'immeuble sous l'auvent, et de plain-pied avec le niveau d'accès du musée, cette salle de documentation en libre accès est un lieu à la fois ouvert et isolé. En hommage à Jacques Kerchache, initiateur du musée mort en 2001, elle a été conçue comme un salon d'étude, à l'ambiance chaleureuse et domestique.

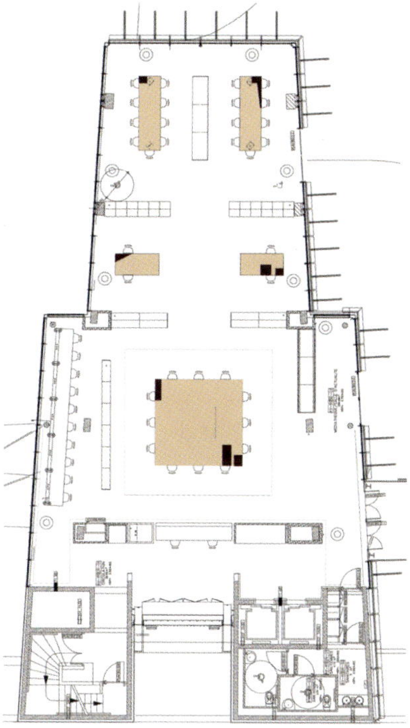

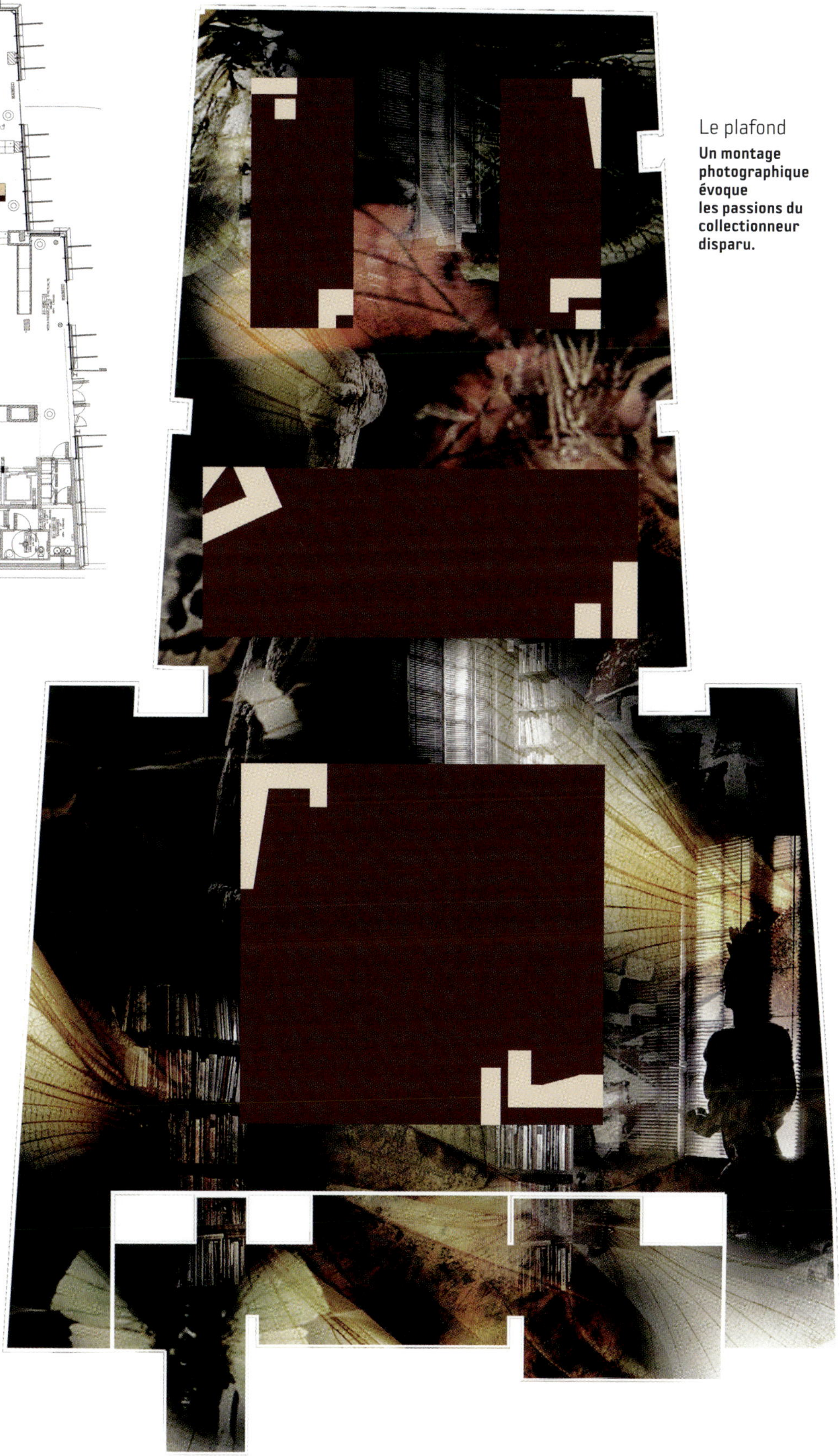

Le plafond

Un montage photographique évoque les passions du collectionneur disparu.

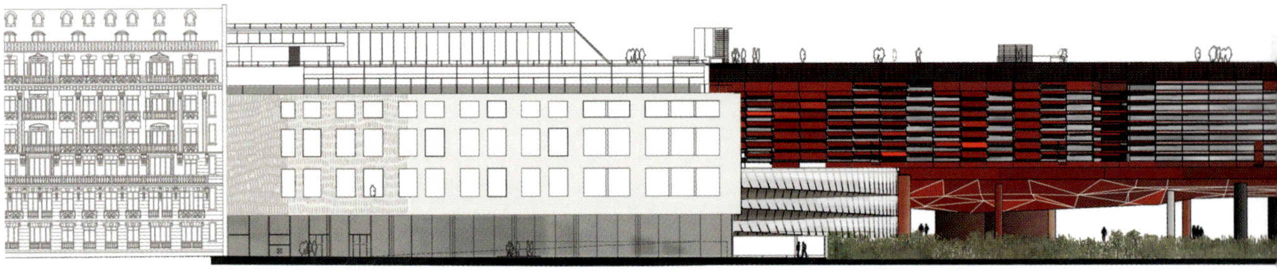

Façade sud, sur la rue

Protégée de la lumière par de grandes ventelles, la façade du musée est à l'arrière-plan.

Sur la rue de l'Université

L'immeuble aligné sur la rue abrite, au rez-de-chaussée, les entrées de service et la librairie du musée et, aux étages, ses laboratoires. Il a toutes les apparences de la sagesse. Jean Nouvel a souhaité qu'il soit qualifié par des interventions d'artistes aborigènes australiens. Ils ont été huit à produire des œuvres contemporaines sur les emplacements qui leur ont été proposés.

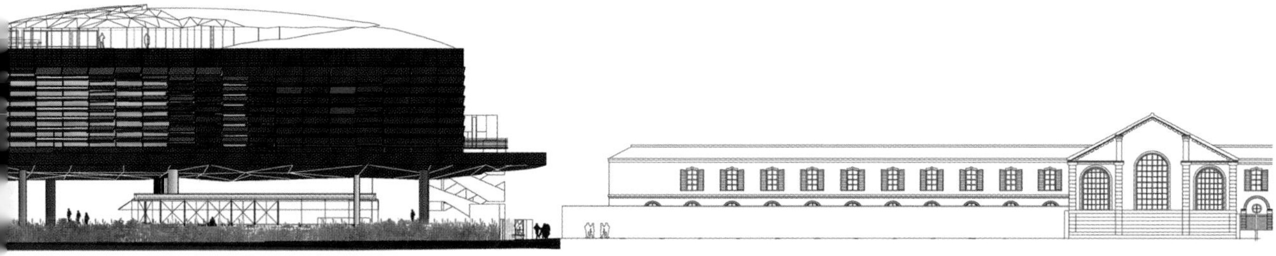

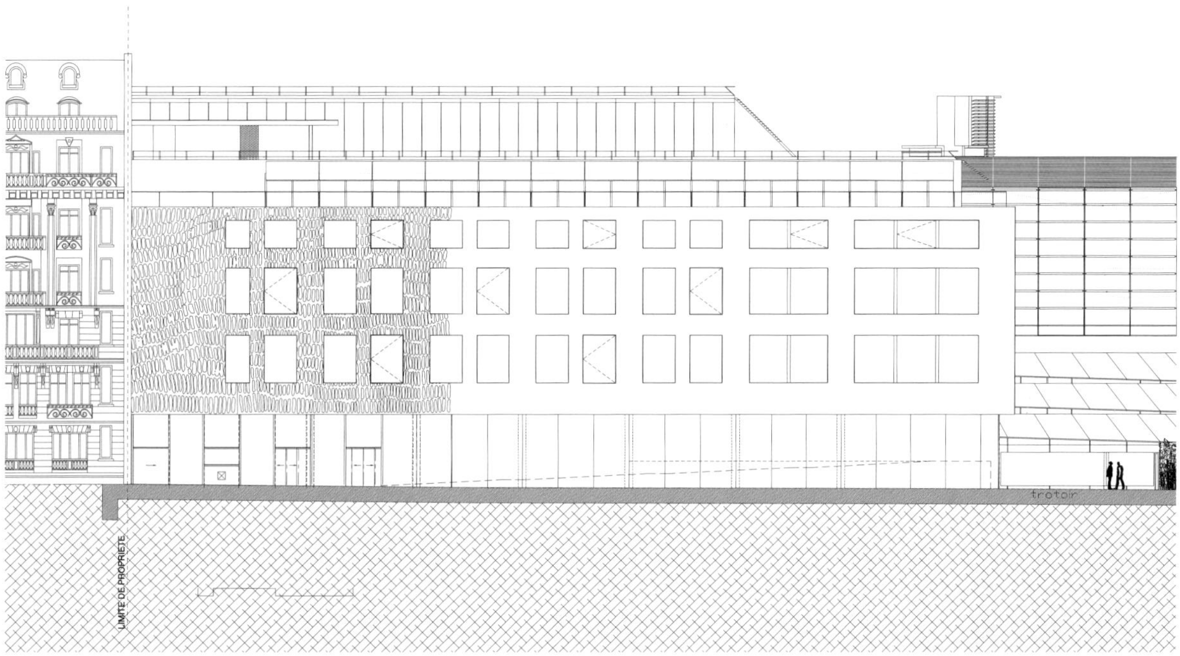

Façade du bâtiment Université

L'enduit est scarifié par les empreintes de Lena Nyadbi.

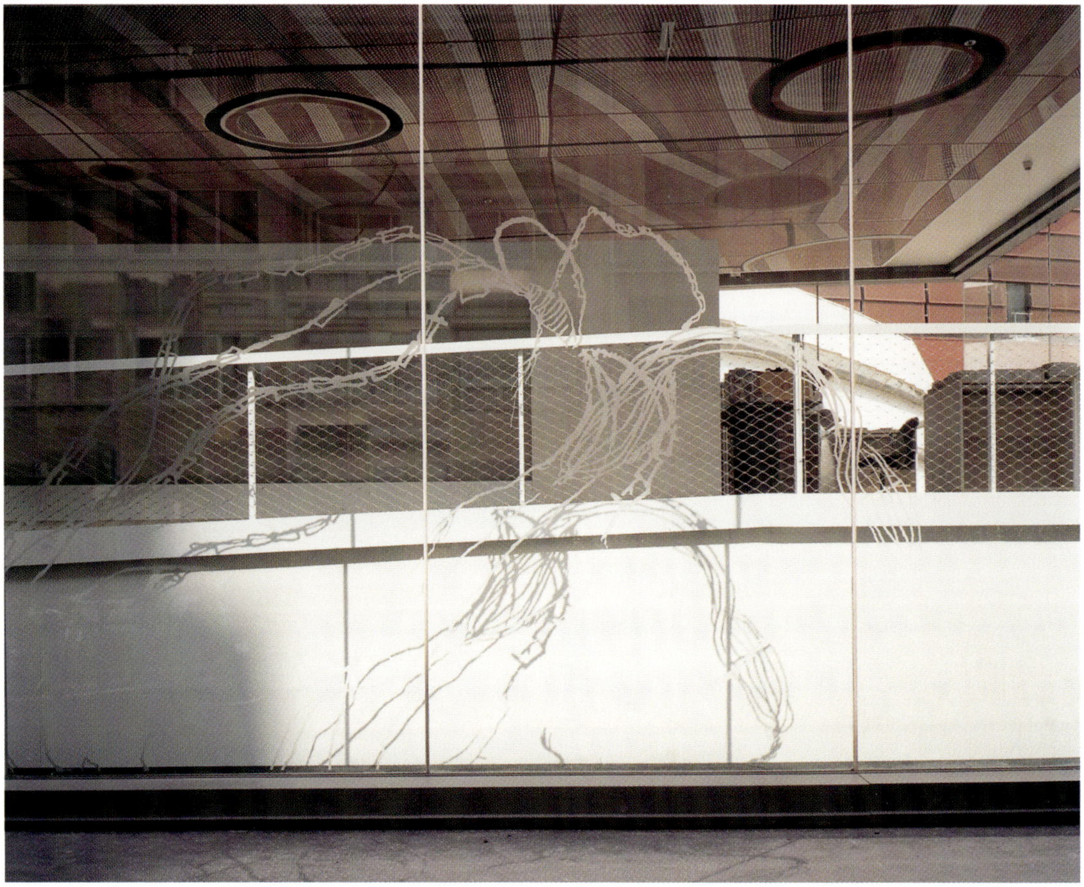

La librairie

John Mawurndjul en a réalisé le plafond et habillé la colonne d'angle ; Judy Watson en a gravé la vitrine.

Aux étages

Le tableau des baies est habillé d'inox miroir, qui illuminent la rue des reflets des œuvres de Ningura Napurulla et Gulumbu Yunupingu.

La terrasse

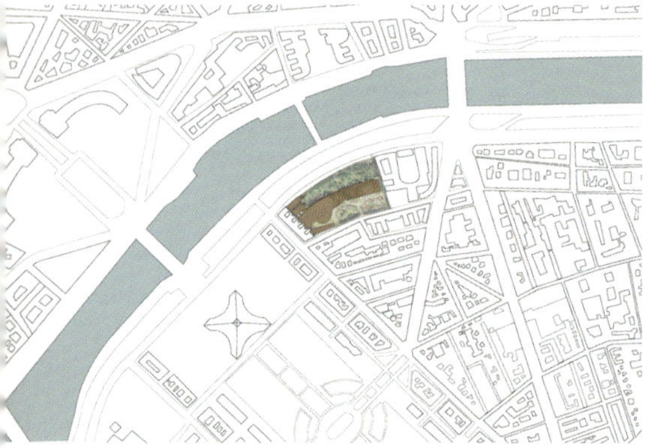

À hauteur de toits, dans le ciel, Paris est un bonheur.

Ultime cadeau de l'architecte à son musée et à ses publics, la terrasse de la galerie est une place aérienne. Et pour que rien n'entrave la jouissance du point de vue, aucun parapet, mais des bassins d'eau sur les bords, qui écartent du péril et construisent des reflets qu'un souffle brouille. Le sol, minéral, reprend le jeu des calades des cheminements des jardins, plus bas. L'aventure se termine, mais elle n'est pas finie : riche de ses découvertes, le visiteur peut à loisir plonger un regard qui aura changé sur ce qui était sien et qu'il voit autre.

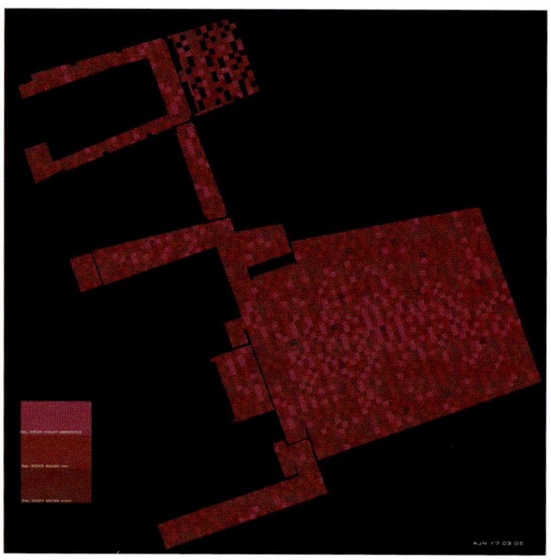

Plafonds de l'étage des chercheurs

Au même niveau, sous l'auvent, la salle des fonds précieux.

La médiathèque

À l'ouest, la médiathèque réservée aux chercheurs profite de sa situation. Ils auront loisir de travailler sur les fonds iconographiques, graphiques, photographiques, filmiques et sonores du musée, qu'ils peuvent consulter sur de grandes tables ou sur des écrans, disposés en périphérie.

Le restaurant

À l'autre extrémité de la terrasse et à l'abri des écailles d'une verrière en forme de lentille, le restaurant confirme la vocation publique de la terrasse. Les ombres de la tour Eiffel lui donnent son nom : leurs empreintes sont inscrites sur les planchers et les parois pour composer des tableaux qui rappellent les compositions en contraste simultané de Robert Delaunay.

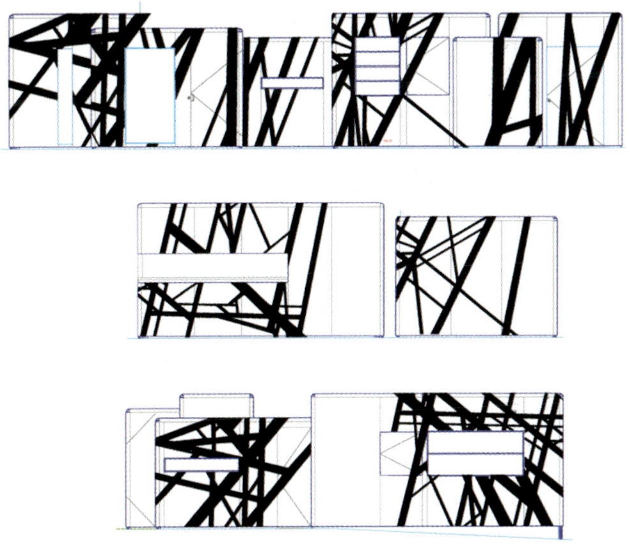

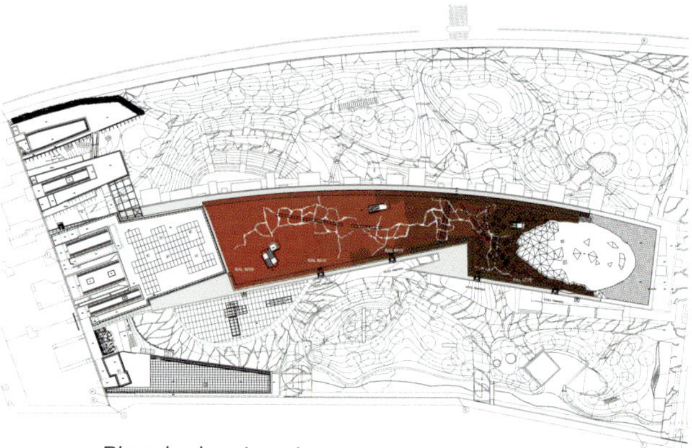

Plan du dernier niveau

Le paysage de Paris sur la Seine, tel qu'il se découvre depuis la terrasse.

Travaux d'artistes

Plusieurs artistes ont été étroitement associés à la conception du musée du quai Branly. Leurs œuvres participent à l'œuvre.

Elles participent aussi de l'œuvre : si elles se distinguent dans leur autonomie pour exister en propre, elles la prolongent encore pour la faire vivre et l'inscrire dans notre contemporain. Un contemporain pluriel, comme en témoigne la diversité des artistes invités par Jean Nouvel, qu'ils lui aient été associés, ou qu'il ait suscité des commandes.

Le jardin confié à Gilles Clément ne s'épanouira qu'avec le temps. Ce jardinier voyageur est un amoureux de l'adventice, de ce qui vient et vit sans qu'il soit besoin de le vouloir, mais qu'il convient d'accompagner. Voir et apprécier ces herbes et ces graines que d'autres que lui s'obstinent à nommer mauvaises et qui se mêleront aux graminées plantées, n'est-ce pas déjà une leçon ? Ce botaniste est aussi paysagiste. Son jardin est une cosmologie, sans autre repère que la présence et l'enchevêtrement des cheminements. C'est le plasticien Yann Kersalé, qui a mis en lumière ce jardin. Pour lui, la lumière est matière, fluide, fluctuante. Il la traite ici comme de l'eau : elle réagit aux humeurs de l'atmosphère et du temps, des jours et des saisons, variant de couleur et de consistance, gazeuse, vaporeuse ou liquide, verte, blanche ou bleue, selon ses états. Ce jardin est un univers : des appareils d'éclairage l'auraient transformé en square. La lumière vient par des « joncs », qui se fondent aux herbes. Ils tatouent la nuit.

La façade de l'immeuble réservé à l'administration sur le quai est un autre jardin, vertical. Il a été créé par Patrick Blanc, chercheur au laboratoire d'écologie tropicale du Muséum national d'histoire naturelle qui n'a eu de cesse de développer sa compréhension de la façon dont certaines plantes pouvaient s'adapter autrement qu'en pleine terre. Ses fleurs de mur composent un paysage luxuriant et une façade étonnante, dans laquelle le végétal paraît s'être substitué au minéral.

Jean Nouvel a souhaité que des artistes aborigènes australiens soient étroitement associés à la conception de l'immeuble de la rue de l'Université. Souhait relayé par le musée et l'Australia Council for the Arts, qui ont sélectionné huit artistes auxquels ont été confiés plafonds et façades. Leurs interventions, qui expriment toute la vitalité de leur art, ne sont pas des éléments de décor : construites selon des sens qui nous échappent, elles restent pour nous à la surface des choses, mais leur présence et leur matière irradient.

Pour les rideaux qui permettent d'isoler le théâtre Claude Lévi-Strauss et la galerie Jardin, Jean Nouvel a fait appel à Naoki Takizawa, directeur artistique d'Issey Miyake, qui les a conçus comme des vêtures fluides habillant le corps des salles. Pour le théâtre, le rideau, composé de plusieurs épaisseurs pour répondre aux attentes acoustiques, est à l'intérieur un drapé cascadant, apaisé et argenté à l'extérieur. Celui de la galerie, long de 300 mètres, blanc, plissé et translucide, suit les sinuosités de la rampe d'accès à la galerie.
Le musée a encore relayé la volonté d'associer création et conservation : il a commandé les projections de Trinh T. Minh-ha et Jean-Paul Bourdier qui accompagnent le parcours de cette même rampe. Le gouvernement néo-zélandais a de son côté fait don de séries de deux jeunes photographes, Michael Parekowhai et Fiona Pardington : elles sont placées dans une vitrine maorie du jardin, à proximité de la tête de l'île de Pâques et des tikis de pierre. Paradoxalement, la démarche de Jean Nouvel rejoint la tradition occidentale de l'architecture, qui y voyait la mère de tous les arts, et celle de ses commanditaires, qui lançaient avec elle un programme artistique. C'était jadis pour exprimer leur puissance. Ici, le pouvoir qui s'exprime appartient aux rêves.

Gilles Clément / Le jardin des graminées

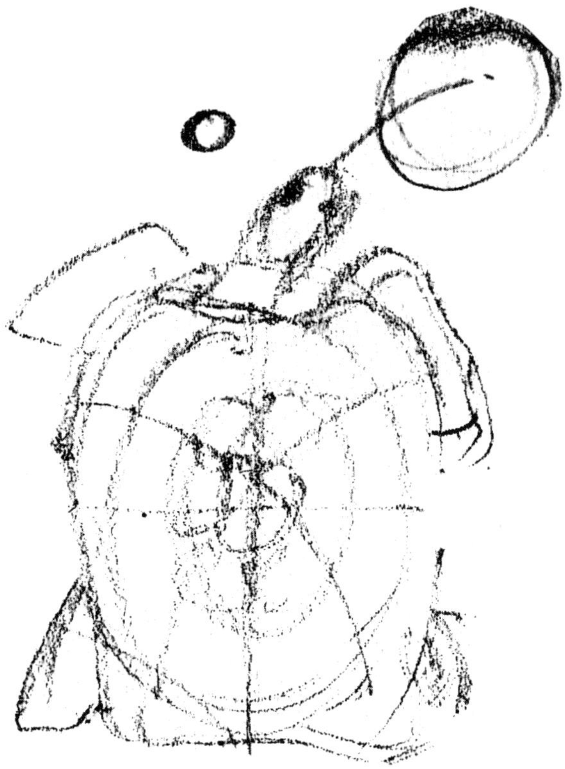

Tortue, dessin de Gilles Clément.

« Le jardin, en rupture avec la tradition occidentale dominée par l'ordre et la raison symétrique, offre un espace souple, ondulant, où la distance ordinairement prise avec la nature se trouve ici remplacée par une scénographie d'*immersion*.
Une couverture de graminées aux nuances blondes, un tracé des chemins évoquant le hasard et l'usure plutôt que l'arbitraire et la mesure, l'absence de perspective directe et de gazon réglé pour conduire le regard, l'apparent désordre d'un boisement clair, le ménagement des surprises au détour des reliefs, tout concourt à valoriser la puissance organique de la nature.
Ce dispositif renvoie aux paysages enchevêtrés de l'univers animiste pour qui chaque être de nature, de l'herbe à l'arbre, de l'insecte à l'oiseau, quelle que soit leur position dans l'espace, se présente face à l'homme de façon égalitaire et respectable. D'où l'importance accordée aux plantes minuscules, carex, luzules, comme aux arbres et aux lianes de grande venue, chênes, érables, vigaines, vignes... Le vocabulaire botanique n'emprunte rien à l'exotisme, tropical, il se déploie sur le registre des flores planétaires compatibles avec le climat de Paris.
Par son architecture, le musée libère au sol une partie centrale liant les deux masses boisées de la « savane arborée ». Au nord les grands arbres et les lianes destinés à rejoindre le niveau du toit-terrasse, au sud les arbres à fleurs de petite et moyenne dimensions (prunus, magnolias) laissant venir sur la façade le soleil et la lumière.
À la rencontre des chemins disposés en réseau, les « clairières » constituent les pauses et les événements du parcours.
Toutes les formes et tous les objets liés aux clairières évoquent la tortue, animal mythique occupant une place à part dans les cosmogonies animistes et polythéistes dont le musée accueille les œuvres sacrées. L'animal n'est jamais représenté de façon littérale ; l'ovale de sa carapace apparaît çà et là pour tracer les contours des clairières, dessiner la forme d'un banc, émerger d'un chemin sous les apparences de roches couvertes de mousses ou encore se dresser en abri-tuteur couvert de lianes au milieu du jardin. Tous les objets se référant à la tortue ne pourront être installés. Notamment le pont-tortue reliant les deux terrasses de part et d'autre du bassin vers le jardin sud et la fontaine à boire initialement prévue dans ce secteur. Le bassin aux formes aléatoires constitue une limite le long de la rue de l'Université. C'est un jardin d'eau planté de massettes et de joncs dans lequel serpente la grille conçue comme un enchevêtrement de roseaux métalliques.

Pour traverser le jardin, contourner les îles, joindre le nord au sud en passant sous le bâtiment, un niveau de « sentiers » relie les différents accès du quai Branly à la rue de l'Université et aux entrées du musée. Vers le quai, la porte centrale est un *Aling-Aling* : construction ordinaire des enceintes à Bali où la chicane frontale est destinée à empêcher les mauvais esprits d'entrer.
Les sentiers se présentent comme des surfaces de béton teinté de largeur variable séparées entre elles par des joints de pierres irrégulières aux tons roux et brun. Quelques-unes, plus claires, aux abords des façades assurent une liaison entre le sol et l'architecture. Certaines d'entre elles sont remplacées par des coques de verre transparent de taille et de forme aléatoires (trois cents en tout). À l'intérieur on peut distinguer un élément de petite taille pris dans la résine – coléoptère, coquillage, fleurs –, découverte inattendue renvoyant aux civilisations animistes pour qui tout être de l'univers, objet de médiation diversement sacré, construit le vocabulaire quotidien. »

Bosquet nord :
quercus cerris
quercus robur
acer saccharum
acer saccharinum
wisteria sinensis
rosa filipes « kiftsgate »
rosa longicuspis
vitis coignetiae
clematis vitalba
clematis montana
clematis orientalis

Bouquet sud :
prunus serulla
prunus maackii
magnolia lechneri
magnolia kobus
magnolia stellata

Plantes couvre-sol :
sol chaud et sec à la lumière et mi-ombre
miscanthus sinensis gracilimus
lasiagrotis
clamagrostis
stipa gigantea
stipa tenuifolia

Arbres taillés :
acer campestre
carpinus betulus

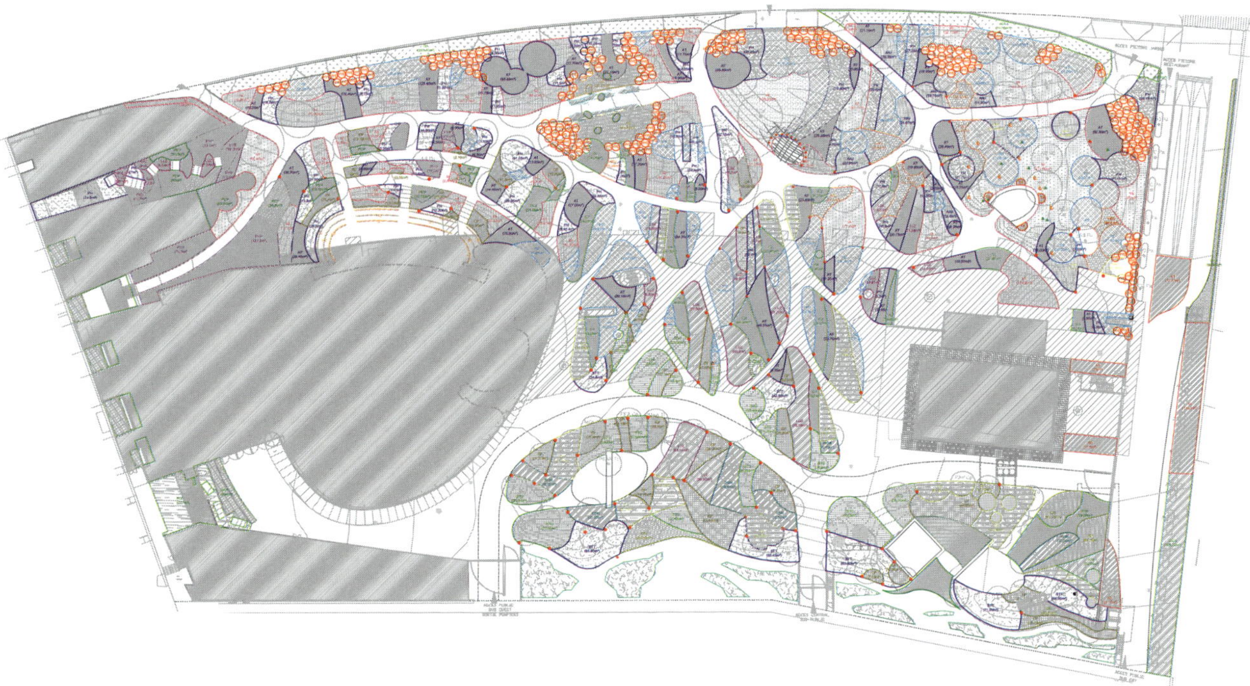

Yann Kersalé / L'Ô

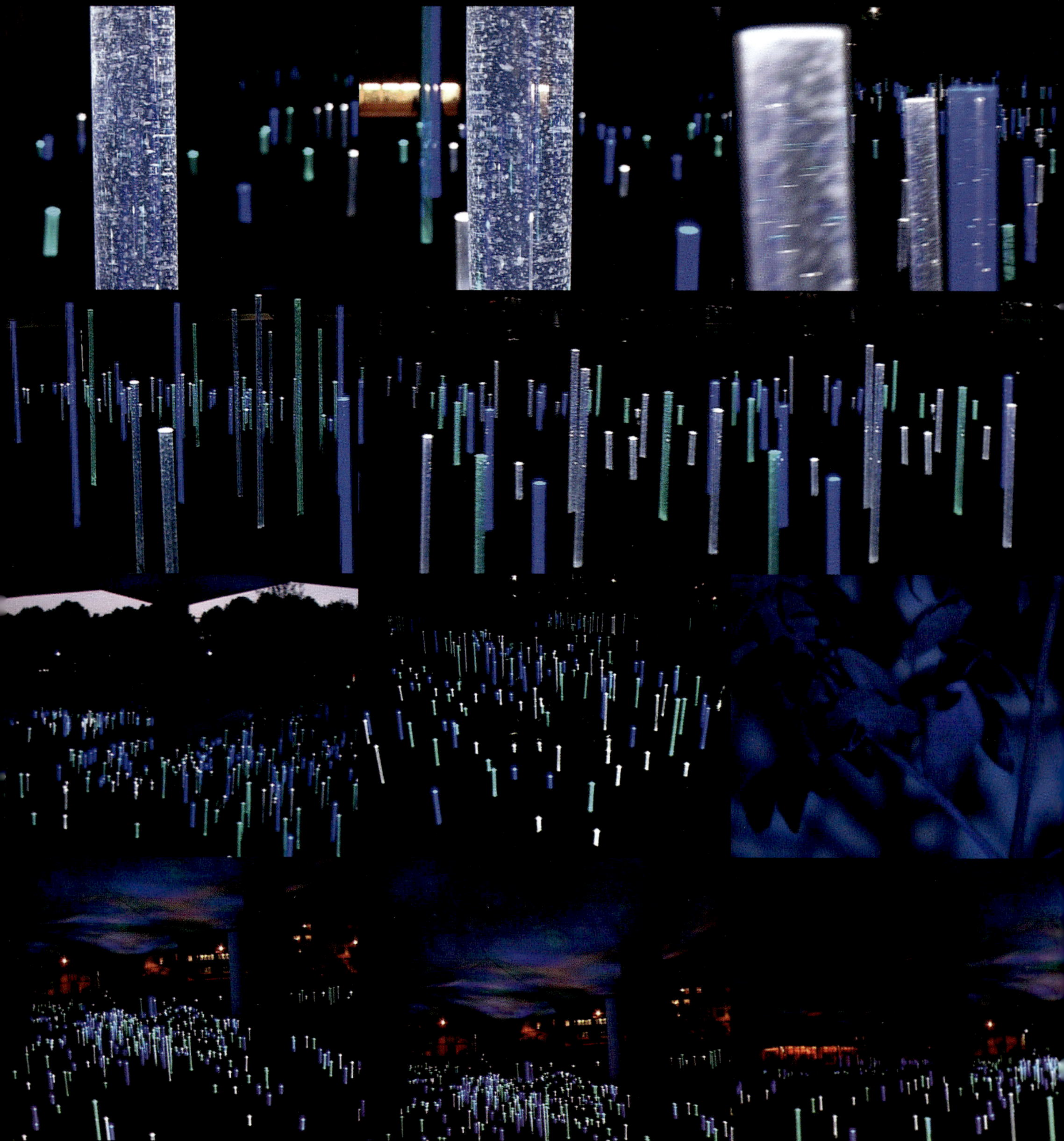

Patrick Blanc / Le jardin vertical

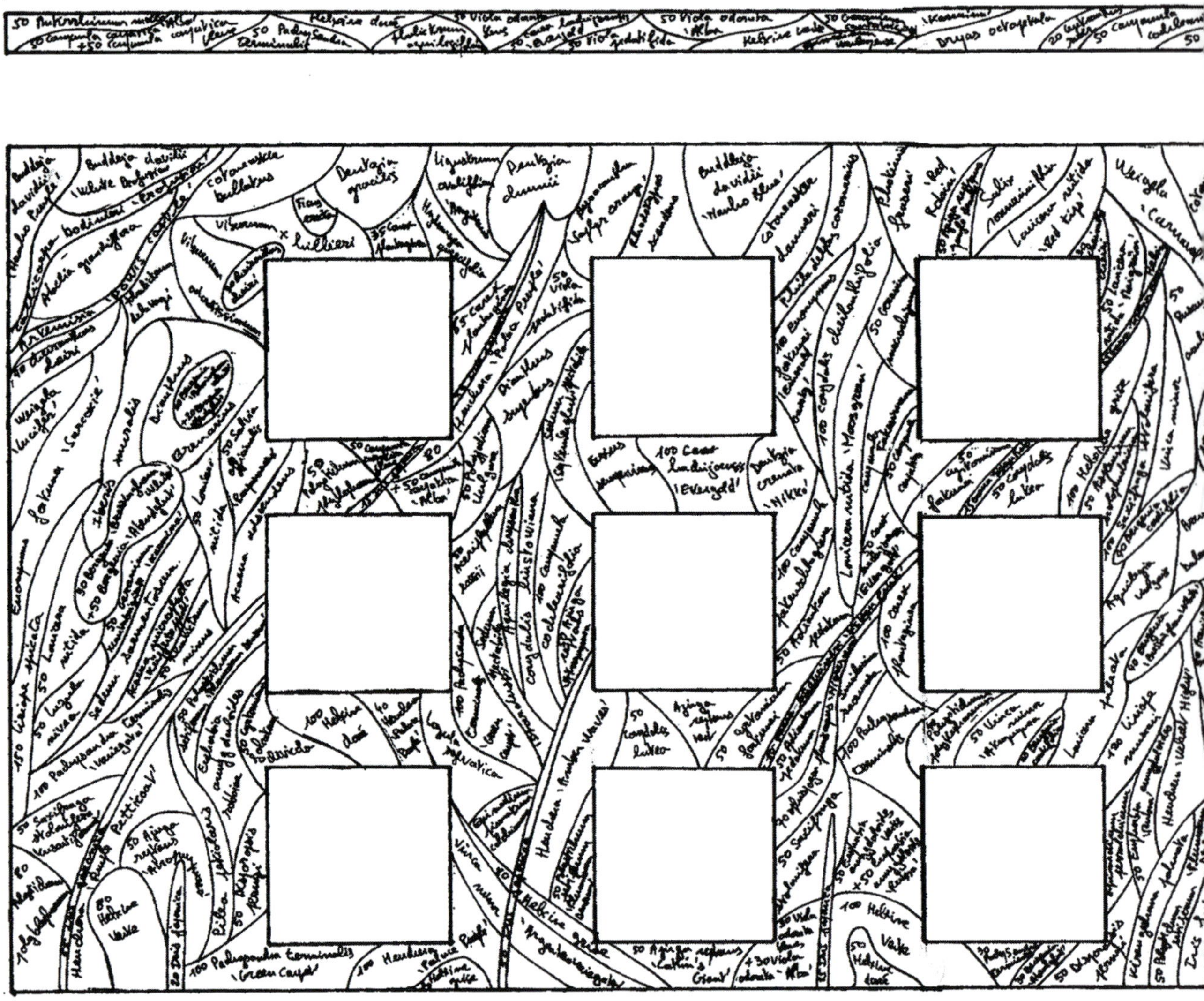

Séquences végétales sur la façade nord quai Branly, dessin de Patrick Blanc.

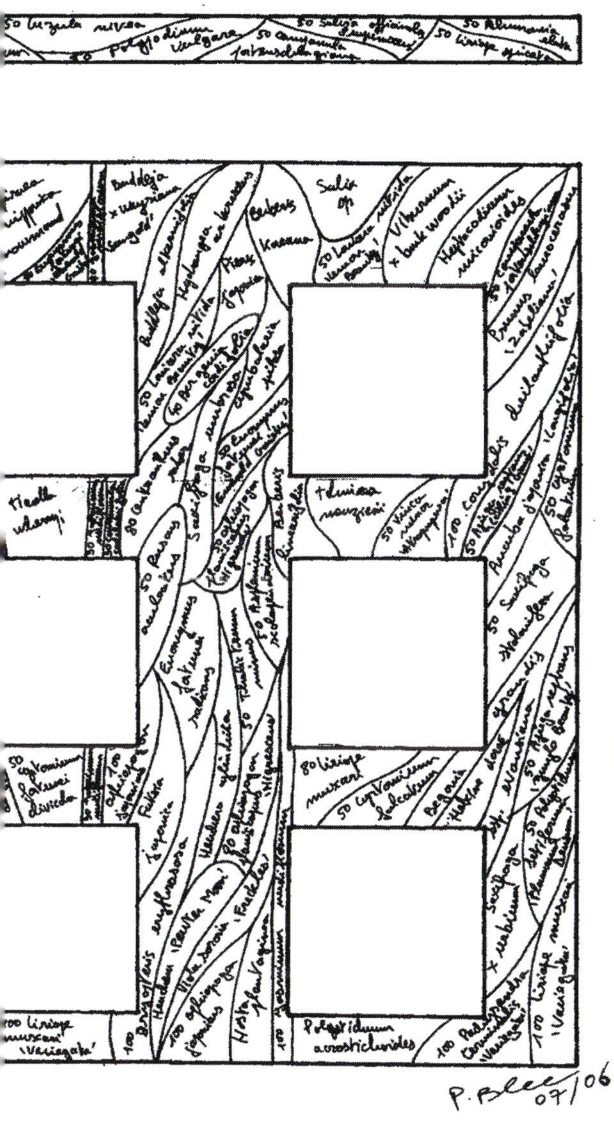

Floraison du mur végétal,
mai 2006.

Œuvres aborigènes / Rue de l'Université

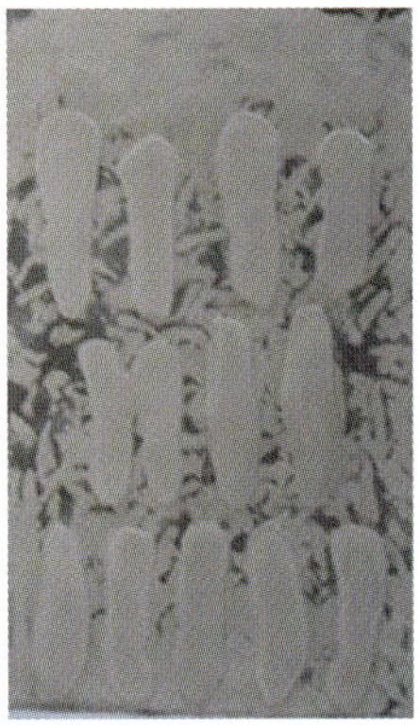

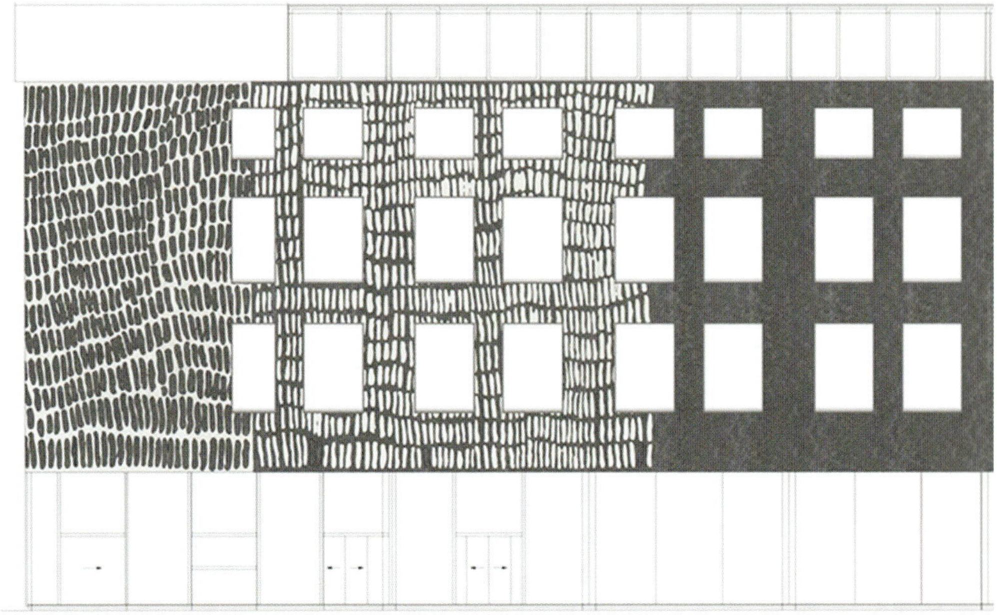

Lena Nyadbi **(née vers 1936), originaire du peuple Kija, à l'est de Kimberley, a scarifié la façade sud avec *Jimbala* et *Gemerre*, 2005 (fers de lance et cicatrices).**

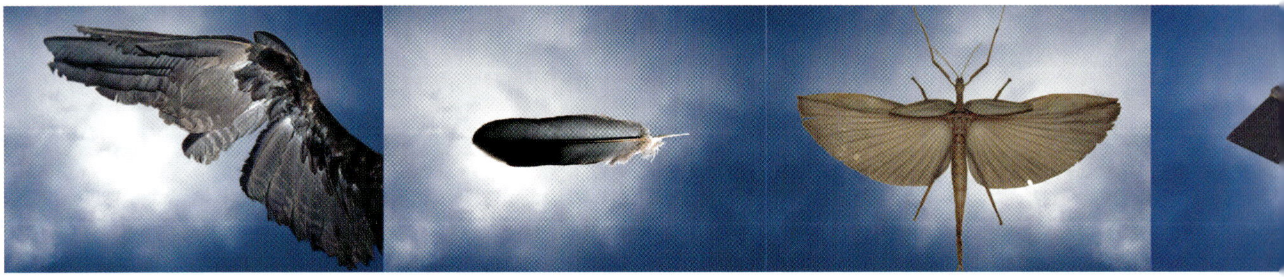

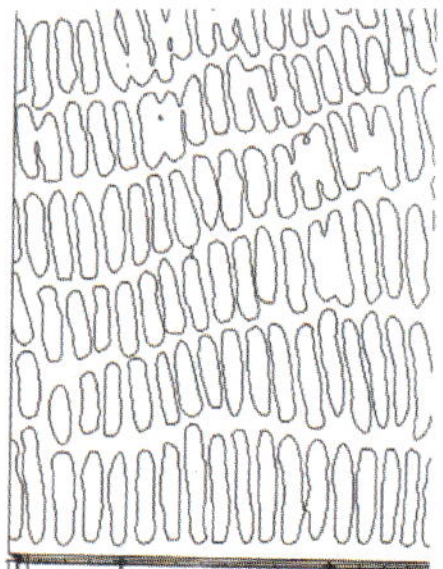

Michael Riley **(1960-2004), du peuple Wiradjuri / Kamilaroi de la Nouvelle-Galles-du-Sud a composé *Cloud*, 2006, fresque photographique qui accompagne la rampe d'entrée de la librairie.**

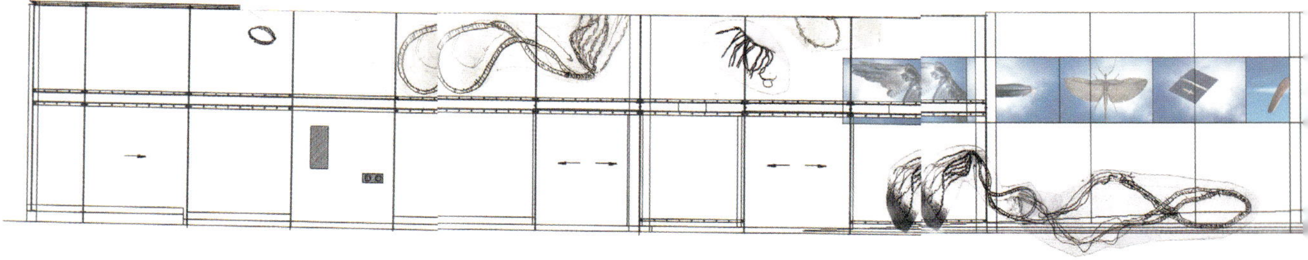

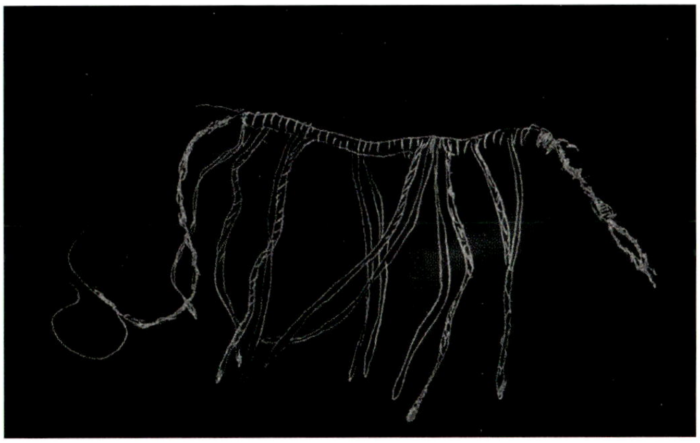

Judy Watson **(née en 1959) est Waanyi (nord-ouest du Queensland).** ***Museum Piece*****, 2006, est dessiné à l'acide sur la vitrine de la librairie.** ***Two Halves with Bailer Shell*****, 2006, sérigraphie sous verre sur métal, est au plafond de l'entrée de service du musée.**

Paddy Nyunkuny Bedford **(né en 1922) est Gija (à l'est de Kimberley).** ***Thoowoonggoonarrin*****, 2006, est peint sur le mur de la « faille » qui se glisse entre le bâtiment et le pignon de l'immeuble contigu.**

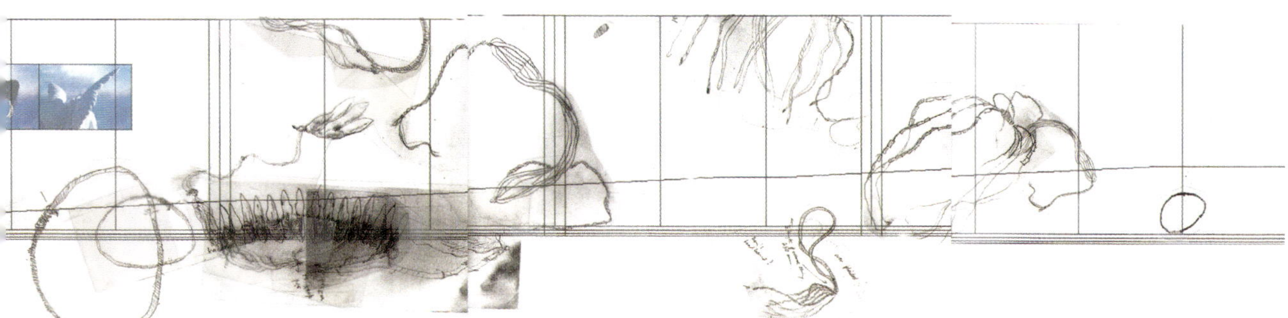

John Mawurndjul **(né en 1952) est Kuninjuki (Terre d'Arnhem). *Mardayin at Milmilngkan*, 2006, au plafond de la librairie, réinterprète un *lorrkkon* traditionnel (cercueil creusé dans un tronc).**

Elle met en œuvre la technique du *rarrk* (croisillons et lignes parallèles, vecteurs d'énergie).

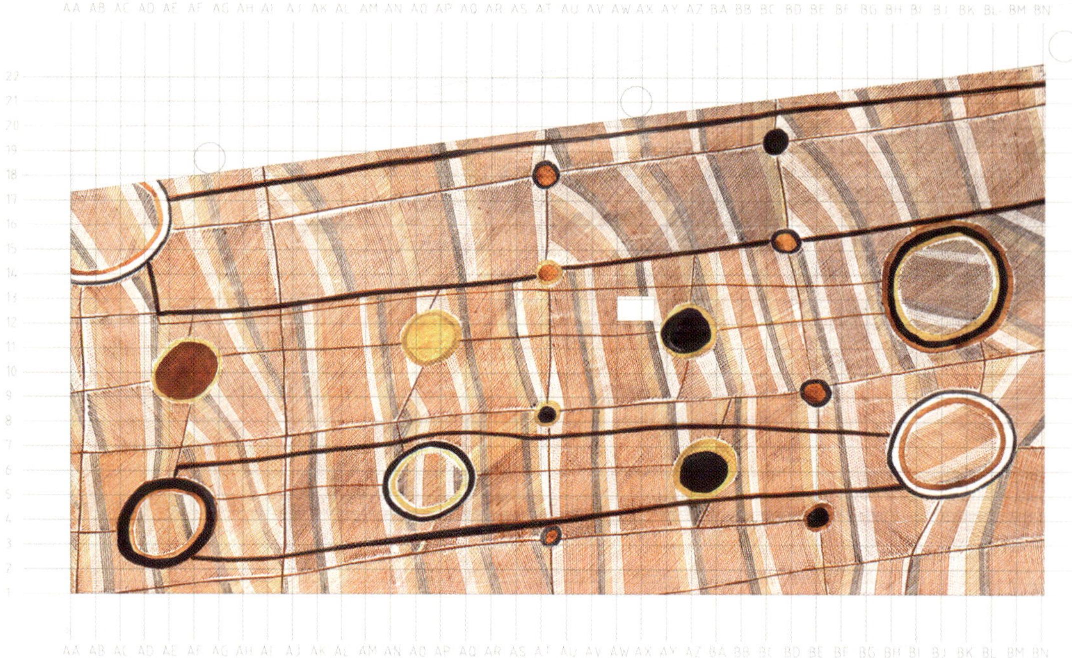

L'impasto résulte de plusieurs couches.

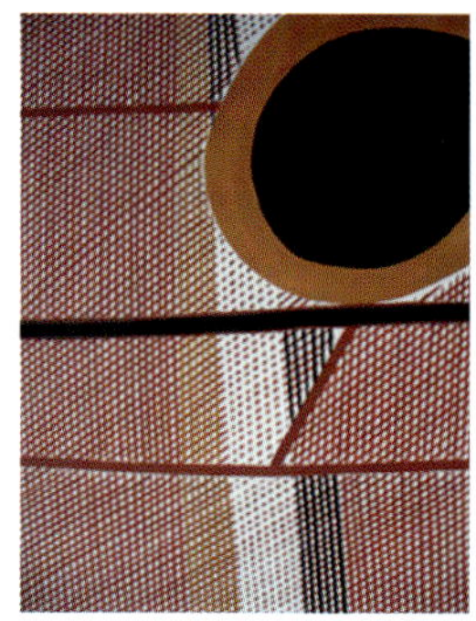

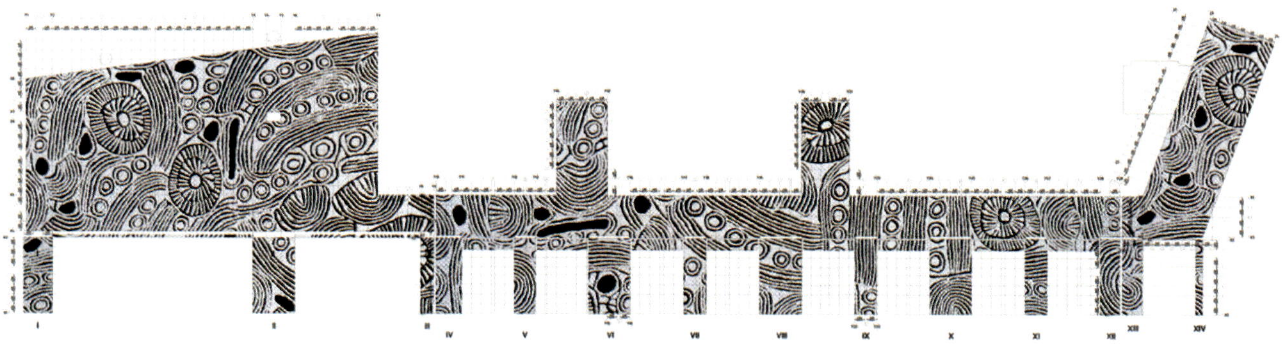

Ningura Napurrula **(née en 1938) est Pintupi (désert de l'Ouest). *Untitled (Wirrulnga)*, 2005, se trouve au plafond du premier étage.**

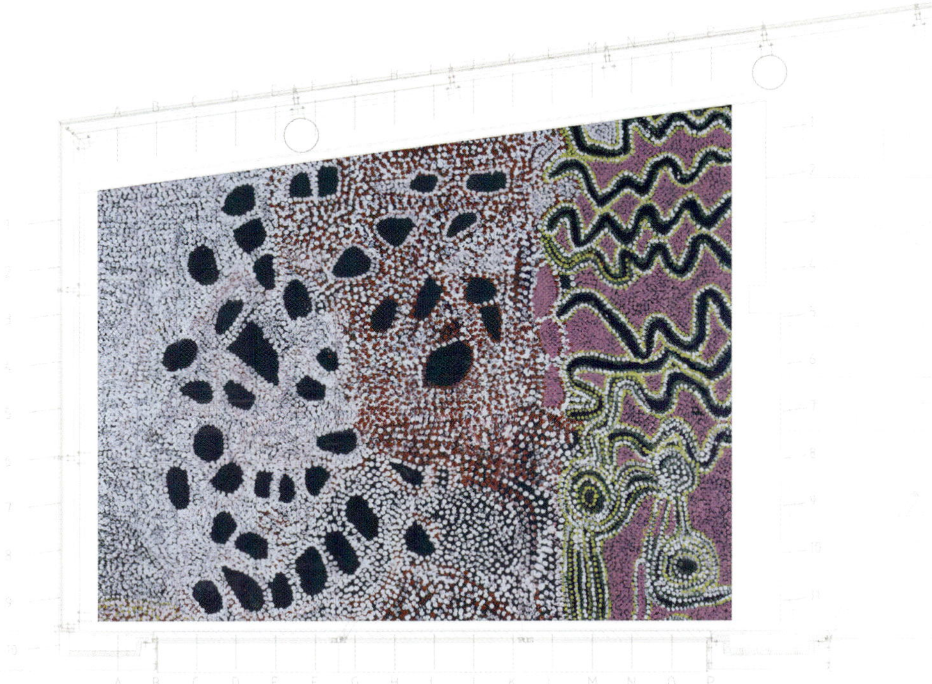

Tommy Watson (né vers 1935) est Pitjajatjara (désert de Gibson). ***Wipu Rockhole***, **2005, au plafond du troisième étage, évoque un site important pour sa nation.**

Les étoiles visibles la nuit sont entourées par d'autres, cachées dans la profondeur de l'espace.

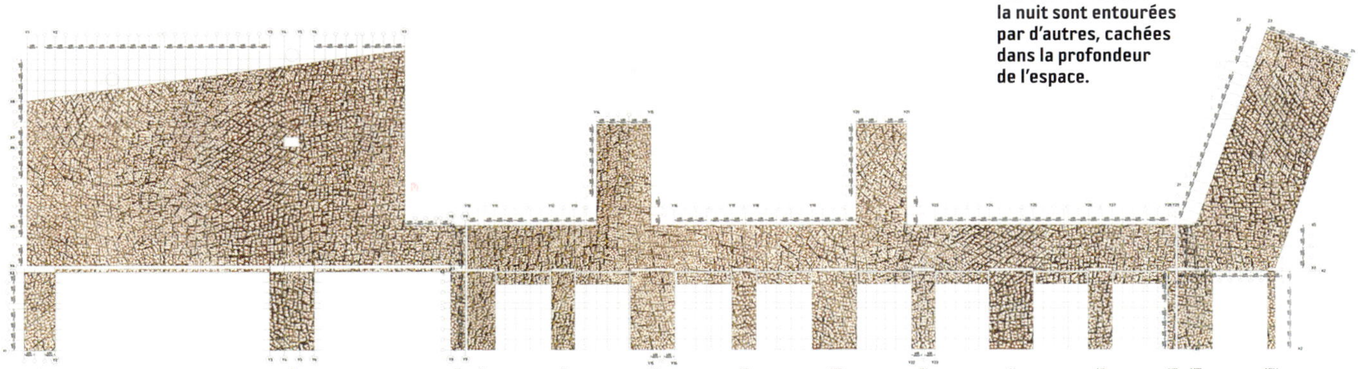

« Vous avez le droit de voir la surface des choses. » John Mawurndjul

Gulumbu Yunupingu (née vers 1945) est Gumatj (Terre d'Arnhem). ***Garak, The Universe***, **2006, au plafond du deuxième étage, est une métaphore de l'unité de tous les peuples.**

Trinh T. Minh-ha & Jean-Paul Bourdier

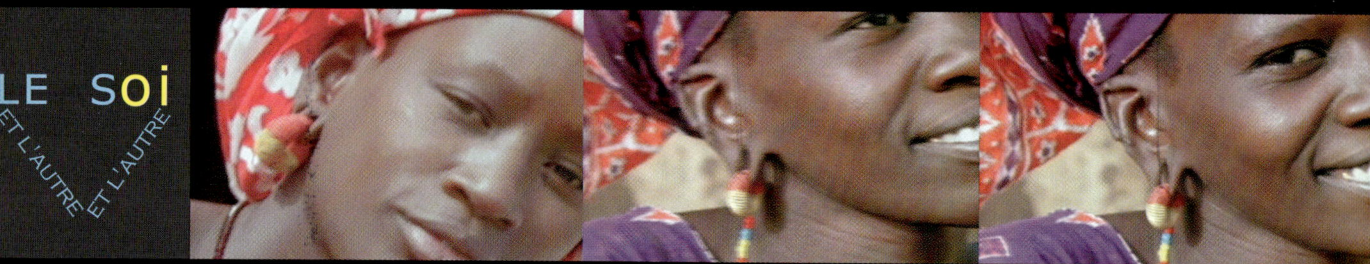

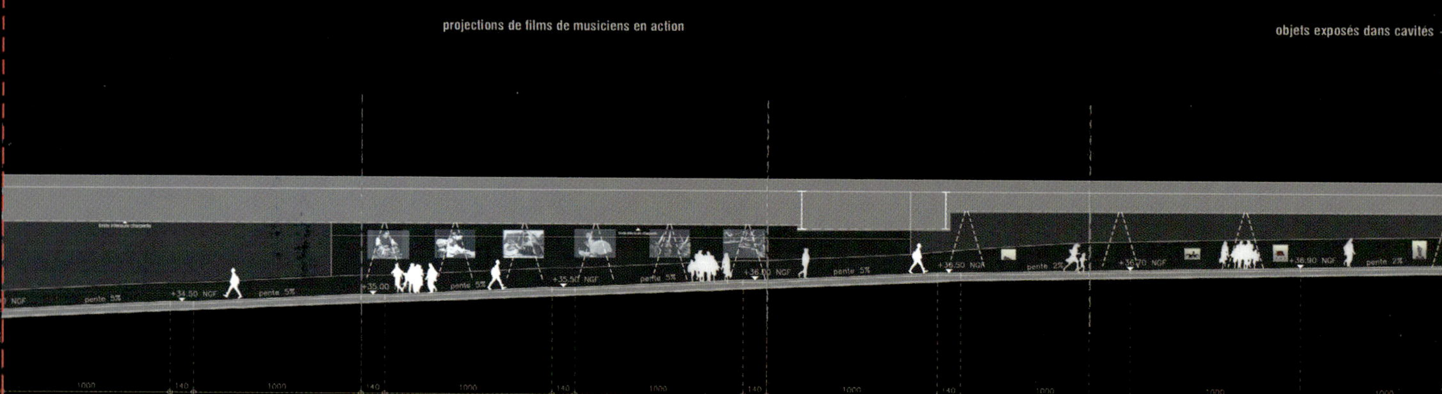

/ L'Autre marche

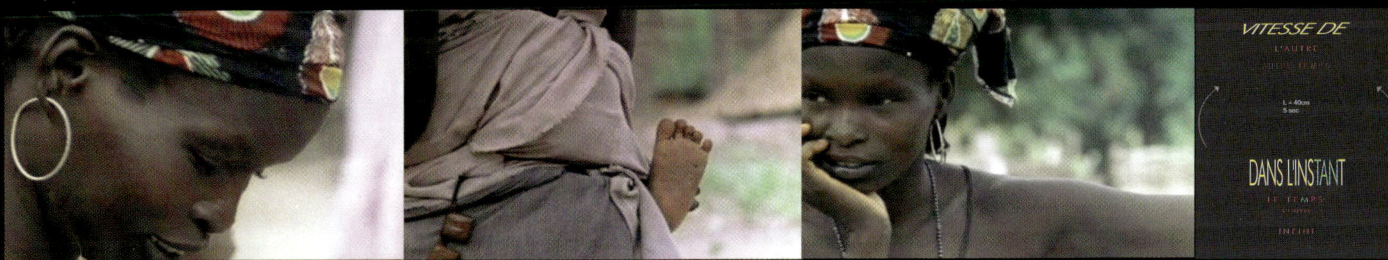

Étapes

1995/mai. Création de la commission « Arts premiers », présidée par Jacques Friedmann. Elle doit engager une réflexion sur les moyens les plus appropriés pour que l'art primitif trouve sa juste place dans les institutions muséales.
1996/avril. La commission préconise la réunion des collections du musée national des Arts d'Afrique et d'Océanie et du musée de l'Homme dans un seul établissement ayant vocation à les préserver et à les présenter, mais aussi à développer la recherche et l'enseignement.
/août. L'hypothèse est de l'implanter dans l'aile Passy du Trocadéro, en lieu et place du musée de l'Homme et du musée de la Marine, qui irait pour sa part porte Dorée.
/octobre. Jacques Chirac décide de la création d'un musée des Arts et Civilisations ainsi que l'ouverture de salles au Louvre présentant des chefs-d'œuvre d'Afrique, d'Asie, d'Océanie et d'Amérique.
1997/février. Création de la mission de préfiguration du musée de l'Homme, des Arts et des Civilisations, association loi 1901 présidée par Jacques Friedmann, qui précise l'année suivante la philosophie d'un projet attentif à de nouvelles approches culturelles et muséales.
1998/mars. Un jury, présidé par Jean Lebrat, président de l'établissement public du Grand Louvre, retient l'architecte Jean-Michel Wilmotte pour l'aménagement des salles du pavillon des Sessions. Les travaux y débutent en juin.
/juillet. Le président de la République choisit le terrain du quai Branly pour le futur musée.
/décembre. Création de l'établissement public du musée du quai Branly, présidé par Stéphane Martin.
1999/janvier. Lancement du concours international de maîtrise d'œuvre.
/décembre. Un jury, présidé par Stéphane Martin, retient le projet du groupement Ateliers Jean Nouvel – OTH – Ingerop.
2000/avril. Inauguration du pavillon des Sessions au Louvre.
2001/juillet. Délivrance du permis de construire.
/septembre. Lancement des chantiers de restauration des collections, informatique et multimédia.
/octobre. Lancement des travaux sur le site du quai Branly.
2006/juin. Ouverture du musée

Histoire du site

Le site du quai Branly est au Moyen Âge une île formée dans un méandre de la Seine. ***Cette île Maquerelle, où furent inhumées nombre de victimes de la Saint-Barthélemy, prend le nom d'île aux Cygnes avec une ordonnance de Colbert, qui la destine à l'acclimatation des cygnes que le roi fait venir pour agrémenter ses jardins. L'île s'étend alors depuis l'actuel pont des Invalides jusqu'au-delà du Champ-de-Mars. Un bras de Seine la sépare de la rive gauche, à hauteur de la rue de l'Université. L'île prendra sa configuration actuelle, entre le pont de Bir-Hakeim et le pont de Grenelle, à la suite du dragage effectué en 1825 pour aménager le port de Grenelle.***

En 1721, l'île, hors des limites de la ville, est cédée à la Ville de Paris. Celle-ci y installe le déchirage des bateaux, chantier de destruction des barques et barges qui descendaient la Seine et qu'il aurait été trop coûteux de faire remonter. À partir de 1760, on transfère sur l'île le « nettoiement et la préparation des abattis et tripes de bœufs, vaches et moutons ». En 1773, il est décidé d'exhausser le quartier pour le garantir des inondations et de combler le lit du fleuve à des fins d'urbanisation. Le comblement sera achevé en 1812.

Exécution de Jean-Sylvain Bailly, premier maire de Paris, le 12 novembre 1793, dans le fossé du Champ-de-Mars, dessiné par Jean Duplessi-Bertaux.

Le Champ-de-Mars et l'île aux Cygnes relevé par René de Lespinasse en 1877.

La Révolution a transformé le Champ-de-Mars, réservé aux manœuvres de l'École militaire créée par Louis XV, en lieu de rassemblements populaires. La fête de la Fédération, le 14 juillet 1790, y célèbre le premier anniversaire de la prise de la Bastille. Perpétré l'année suivante, le massacre du Champ-de-Mars conduit à l'exécution, le 11 novembre 1793, du premier maire de Paris, l'astronome Jean-Sylvain Bailly,

L'atelier de Rodin, vers 1900.

qui l'avait ordonné. La foule refusant de souiller la « terre sacrée » du Champ-de-Mars, l'échafaud est déplacé dans un fossé, à hauteur de l'angle du quai Branly et de l'avenue de La Bourdonnais actuels. La Révolution garde aux domaines la partie orientale de l'île, tandis que sa pointe amont est vendue comme bien national et livrée aux spéculateurs.

Les berges de la Seine deviennent au XIXe siècle un espace de prestige. Un front bâti se construit entre les esplanades des Invalides et de l'École militaire : c'est le quartier du Gros-Caillou.

Un projet monumental de palais des Archives, séparé par un jardin d'un palais de l'Université et des Beaux-Arts, est étudié sur le terrain qu'occupe aujourd'hui le musée. La première pierre en est posée en 1812, mais les travaux s'arrêtent en 1815 au niveau des fondations. L'île aux Cygnes, désormais rattachée à la rive gauche, reste en déshérence.

Le terrain qu'occupe le musée sert après 1824 de dépôt des marbres du roi. Un ministre de la Troisième République y fait édifier des ateliers d'artistes le long de la rue de l'Université et de l'avenue de La Bourdonnais, tandis que la partie sur le quai est affectée au Mobilier national. Auguste Rodin aura ici son atelier pendant près de quarante ans, jusqu'à son installation à l'hôtel Biron en 1908. Aux côtés du garde-meuble national sont bâties, sur la partie est du terrain, les écuries impériales qui deviendront celles de la présidence de la République, avant d'abriter le Conseil supérieur de la magistrature, puis divers services de l'Élysée.

Le Champ-de-Mars est investi par les Expositions universelles dès 1867. Elles s'étendent sur une large emprise en bordure de Seine et font la part belle à l'exotisme colonial. Lors de l'Exposition de 1900, le quartier est coupé du

Pavillon Schneider (Louis Bonnier, architecte) et passerelle Debilly, Paris, Exposition universelle de 1900.

Vue aérienne du site avec les baraquements de la cité administrative provisoire construite après la Seconde Guerre mondiale, vers 1980.

fleuve par la double voie de chemin de fer qui le longe. La passerelle Debilly est construite cette même année, pour donner accès depuis la rive droite au palais des Armées de terre et de mer, flanqué, au niveau de l'avenue de La Bourdonnais, par le pavillon Schneider (Louis Bonnier, architecte), une grande coupole de 40 mètres de hauteur peinte en rouge et surnommée par les Parisiens « le fort du Creusot ».

Le garde-meuble est détruit en 1937 pour laisser place aux aménagements de l'Exposition internationale. Le terrain du musée y accueille le centre des métiers. L'architecte Paul Tournon y construit en particulier le pavillon de l'UCAF (Union commerciale des artisans fédérés), des tissus et de la manufacture des Gobelins. La voie ferrée le long de la Seine est recouverte, à une hauteur qui accentue la coupure avec le fleuve. Après la Seconde Guerre mondiale, le terrain est affecté à la construction d'une cité administrative provisoire par le ministère de la Reconstruction et de l'Urbanisme. Elle n'est détruite qu'en 1990, afin de permettre la construction d'un Centre de conférences internationales inscrit au titre des grands travaux de François Mitterrand pour remplacer les locaux de l'avenue Kléber. Le projet est confié à l'architecte Francis Soler à la suite d'un concours auquel participe également Jean Nouvel, parmi les finalistes. Ce projet, qui oppose la municipalité dont Jacques Chirac est alors maire et l'État mitterrandien, est abandonné, pour des raisons d'arbitrage financier sur les grands projets alors en cours, en mars 1994, sous le gouvernement de cohabitation mené par Édouard Balladur.

Concours pour le Centre de conférences internationales, projet de Jean Nouvel.

Concours pour le Centre de conférences internationales, projet lauréat Francis Soler.

Ce dernier propose le site à l'Organisation de coopération et de développement économique (OCDE) : l'idée fera long feu. Vide, le terrain, baptisé « Espace Eiffel-Branly », accueille diverses manifestations et foires internationales, telle la FIAC, abritées sous des tentes. De nombreuses hypothèses d'utilisation sont soulevées, avant que Jacques Chirac, devenu président de la République, ne l'affecte en 1998 au « musée des Arts premiers ». Le chantier ouvre en octobre 2001. La campagne de fouilles de 2002 exhume une pirogue d'une seule pièce de bois au nord du site.

Après l'abandon du projet de Centre de conférences internationales, illustration de Plantu, *Le Monde*, 28 novembre 1997.

Vue aérienne du site avant les travaux du musée du quai Branly.

D'après l'étude d'Olivier Zunz, « Un processus d'urbanisation : le quartier du Gros-Caillou à Paris », *Annales Économies, Sociétés, Civilisations,* n° 4, numéro spécial « Histoire et urbanisation », Paris, Armand Colin, juillet-août 1970, et l'article de Bernard Marrey, « L'Île des cygnes : l'art et la diplomatie », *Quai Branly : concours pour le Centre de conférences internationales de Paris,* Paris, Éditions publiques du Centre de conférences internationales de Paris / Rome, Carte Segrete, 1990.

Le concours

Le programme du concours

La programmation du musée est élaborée par l'architecte Hélène Dano-Vanneyre, qui avait déjà participé à celle du Centre Georges-Pompidou. Elle est appelée dès la création de la mission de préfiguration afin de dresser le cahier des charges des objectifs scientifiques. Elle travaille également avec Jacques Kerchache à l'ouverture du pavillon des Sessions au musée du Louvre.
Le programme, fidèle aux grands axes avalisés par Germain Viatte, directeur du projet muséologique, et Maurice Godelier, directeur scientifique jusqu'en 2000, s'appuie sur les rapports des commissions de réflexion et des groupes de travail de la mission. Il résume les enjeux et les ambitions du nouvel établissement, qui veut proposer une « conception profondément novatrice, à la fois en termes de dispositif scientifique et d'organisation, et d'offre aux publics ». « Lieu de découverte et d'émerveillements, de respect et d'admiration, d'apprentissage du regard et de formation à la compréhension de l'autre, le musée doit toucher tous les publics et déboucher sur la création contemporaine, en entretenant une relation privilégiée avec les enseignants ».
Il énonce encore la volonté d'entourer les collections de référence de présentations temporaires, « d'un ensemble de ressources et de manifestations illustrant les multiples formes d'expressions culturelles », et d'un centre de ressources ouvert aux pays dont sont originaires les collections, associés à la réflexion scientifique et à la programmation culturelle de l'établissement, ainsi inscrit dans un réseau international.
Les différentes composantes du programme sont dessinées :

- un lieu de présentation des collections, issues du musée de l'Homme et du musée national des Arts d'Afrique et d'Océanie, mais aussi enrichies, ainsi qu'un lieu de préservation ;
- un centre de ressources, de recherche et de formation ;
- un lieu d'expression des cultures vivantes.

Elles sont assorties d'une volonté de mobilité dans la présentation des collections, grâce notamment à la place accordée aux expositions temporaires et aux échanges avec les communautés scientifiques et les pays d'origine.
Les principes muséographiques proposés par les concurrents doivent associer les différents niveaux d'information dans un ensemble qui puisse « articuler, voire éventuellement imbriquer, en une muséographie intégrée, présentation esthétique et présentation ethnographique ». Les technologies multimédias sont recommandées pour leur puissance d'évocation (visuelle et sonore) et la complexité des informations à délivrer sans perturber la relation émotionnelle et esthétique à l'objet.
La scénographie est appelée à « traduire l'état des lieux de la réflexion et non à imposer un point de vue dogmatique et pétrifié ».
La structuration des présentations permanentes s'organise principalement autour de quatre aires géographiques – Afrique, Asie, Océanie, Amériques –, de quelques « transversales » et d'un secteur thématique aisément actualisable. Les parcours de visite sont libres.
Les surfaces dévolues aux présentations permanentes et expositions temporaires représentent 9 000 mètres carrés hors circulations (les surfaces des présentations permanentes de 7 000 m^2 au moment du concours ont été réduites ultérieurement à environ 5 000 m^2 au profit de celles des expositions temporaires). Sur les 300 000 objets qui composent les collections, seuls 10 % d'entre eux peuvent être exposés (à titre de comparaison, le musée de l'Homme possédait 230 000 objets pour une surface d'exposition de 2 300 m^2, et le musée national des Arts d'Afrique et d'Océanie, 25 000 objets pour une surface d'exposition de 3 500 m^2).

Le terrain

Le site, un rectangle d'environ 220 mètres sur 120, occupe la partie centrale d'un grand îlot qui se développe d'ouest en est sur plus de 400 mètres de longueur entre l'avenue de La Bourdonnais et l'avenue Rapp, et du nord au sud sur une profondeur d'environ 120 mètres entre le quai Branly et la rue de l'Université. Au nord, le site épouse la courbe du fleuve dont il est séparé par les installations du port autonome de Paris, par la plate-forme recouvrant la ligne de chemin de fer passant le long du quai Branly et par la circulation automobile. Au sud, l'îlot est bordé par des immeubles résidentiels. À l'ouest du terrain proprement dit, un ensemble homogène de constructions posthaussmanniennes de six ou sept niveaux à usage d'habitation, sur l'avenue de La Bourdonnais, présente en limite séparative une série de pignons aveugles alternés avec des courettes. À l'opposé, côté est, le terrain est bordé par des constructions plus basses, de part et d'autre du palais de l'Alma, qui abritent des dépendances du secrétariat général de la présidence de la République et le Conseil supérieur de la magistrature. Du quai à la rue de l'Université, le terrain est en légère pente.
Le projet doit souscrire strictement aux contraintes de crues de 1910, et aux règlements d'urbanisme (les recours déposés à l'encontre du projet seront jugés non recevables). La hauteur plafond est de 25 mètres. Le plan d'occupation des sols exige 7 500 mètres carrés d'« espace vert intérieur protégé ». Ce que résume le programme donné aux concurrents, qui demande « un projet à la fois ambitieux quant à ses objectifs et modeste quant à son volume construit, qui devra réussir tout particulièrement son intégration dans le tissu urbain ».
L'envergure totale du programme du musée est évaluée à 29 450 mètres carrés utiles (hors surfaces de circulation et de distribution internes). L'enveloppe financière affectée aux travaux est de 1,5 milliard de francs (230 millions d'euros) dont plus d'un tiers pour le seul bâtiment. Le calendrier prévisionnel prévoit une ouverture en 2004.

Les étapes du concours

Le jury se réunit le 5 juillet 1999, afin de sélectionner les quinze candidats admis à concourir de façon anonyme. Il se réunit une seconde fois, les 4 et 5 décembre 1999, pour examiner les quatorze projets rendus, l'architecte néerlandais Rem Koolhaas ayant fait savoir en octobre qu'il renonçait à participer.
Le jury classe par ordre d'élection les projets de Jean Nouvel, de Renzo Piano et de Peter Eisenman ; une mention spéciale est décernée au projet de Francis Soler. Stéphane Martin, président du jury et président de l'établissement public, soumet à la décision de Jacques Chirac, qui l'approuve, le choix de Jean Nouvel.
Le projet a séduit par la part faite au jardin, le décollement du bâtiment sur pilotis, sa faible hauteur, le parcours muséographique dans une galerie unique, et le respect strict du règlement d'urbanisme.

Composition du jury

Le jury, présidé par Stéphane Martin était composé de : Jacques Friedmann, président du conseil d'orientation de l'établissement public du musée du quai Branly, Françoise Cachin, directrice des Musées de France au ministère de la Culture et de la Communication, Vincent Courtillot, directeur de la recherche au ministère de l'Éducation nationale, de la Recherche et de la Technologie, François Barré, directeur de l'Architecture et du Patrimoine au ministère de la Culture et de la Communication, Anne d'Harnoncourt, directrice du Philadelphia Museum of Art, Rolf Fehlbaum, président de la société Vitra, Louis Schweitzer, président de Renault SA, Jean-Jacques Aillagon, président du Centre Georges-Pompidou, Ousmane Sow, artiste, Luiz Paulo Fernandez Conde, architecte, maire de Rio de Janeiro, Nathan Starkman, directeur de l'Atelier parisien d'urbanisme, aussi que des architectes Michel Andrault, Paul Andreu, Odile Decq, Chris Johnson, Olivier Brochet, et de Ruedi Baur, designer.

Les projets

RENZO PIANO BUILDING WORKSHOP

Le projet se déploie sous une vaste toiture filtre. Le musée apparaît comme un objet autonome pris entre deux bâtiments de pierre calés sur les pignons existants. Il s'organise autour d'une grande faille traversante et de patios. Les présentations sont situées à l'étage, à l'intérieur autour des patios correspondant chacun à une aire géographique. Les expositions temporaires en rez-de-jardin bénéficient de la lumière zénithale du hall d'accueil et s'ouvrent sur une douve en façade sud.

PETER EISENMAN, FELICE FANUELE

Le projet naît comme des doigts qui s'étirent depuis les hauts pignons de l'avenue de La Bourdonnais jusqu'aux bâtiments bas de l'annexe de la Présidence. Le toit constitue la façade principale. Des jardins paysagers se fondent dans un volume continu mêlant les contours du sol aux plis de la construction. L'accueil général est situé sur l'axe transversal au centre de gravité de la composition. À l'ouest les expositions temporaires, éclairées par un système de trémies. Les galeries des expositions permanentes se développent en long sur deux niveaux en superstructure.

FRANCIS SOLER

Le bâtiment se pose en limite de parcelle et dégage au sud un jardin développant les thèmes du tissage et du tressage. Face à la passerelle Debilly, l'accueil général traversant s'organise sur deux niveaux. La tête du bâtiment, à l'est, abrite les galeries d'expositions temporaires. Les quatre nefs du corps principal distribuent les aires géographiques et thématiques des présentations permanentes. L'enveloppe des voûtes est double : face extérieure en plaques plissées recouvertes d'une peau de granit, face intérieure en plaques de plâtre.

MVRDV, PÉRIPHÉRIQUES

Soixante-dix plateaux de 20 sur 26 mètres assemblés en douze tours de 37 mètres de haut accueillent les différents éléments du programme, les étageant les uns au-dessus des autres. Entre les tours, des failles étroites et profondes innervent, organisent et subdivisent la masse bâtie. Le hall d'entrée traversant est conçu comme un grand vide au cœur de l'édifice, « place de l'Étoile verticale », qui assure la desserte par ascenseurs des présentations et expositions.

MAA SCHMIDT, HAMMER & LASSEN / AW2 ARCHITECTURE WORKSHOP 2

Sur le quai, le front bâti linéaire posé sur un socle bas en recul est composé de cinq cubes répétitifs. Celui, vitré, face à la passerelle Debilly, abrite le hall traversant. Une rampe donne accès aux expositions permanentes du niveau haut. Les expositions temporaires sont réparties sur deux niveaux et six plateaux modulaires. Le jardin, à l'ouest, est en contrebas du quai.

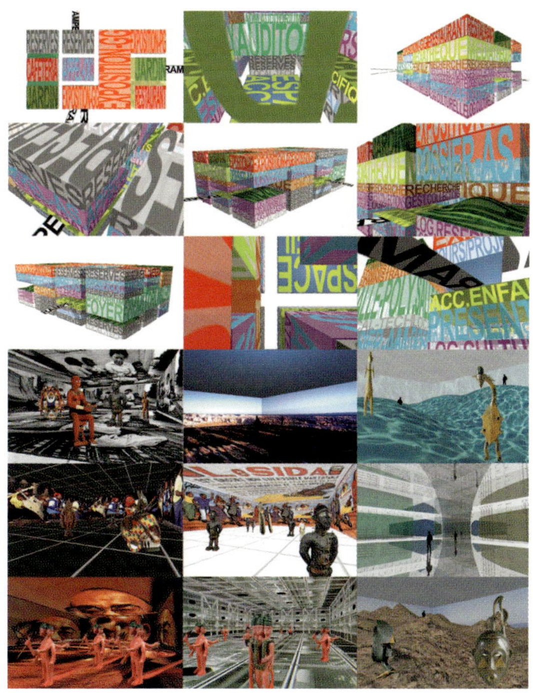

ATELIER D'ARCHITECTURE CHAIX & MOREL ET ASSOCIÉS

Le projet tisse une continuité avec les masses bâties en s'accordant sur la hauteur des constructions voisines. Les façades et la toiture s'infléchissent dans un même mouvement pour générer trois formes en creux : le parvis côté Seine, le vallon de la toiture, le jardin côté sud. Les présentations temporaires investissent principalement le rez-de-chaussée.
Les expositions permanentes s'installent au sud sur deux niveaux.

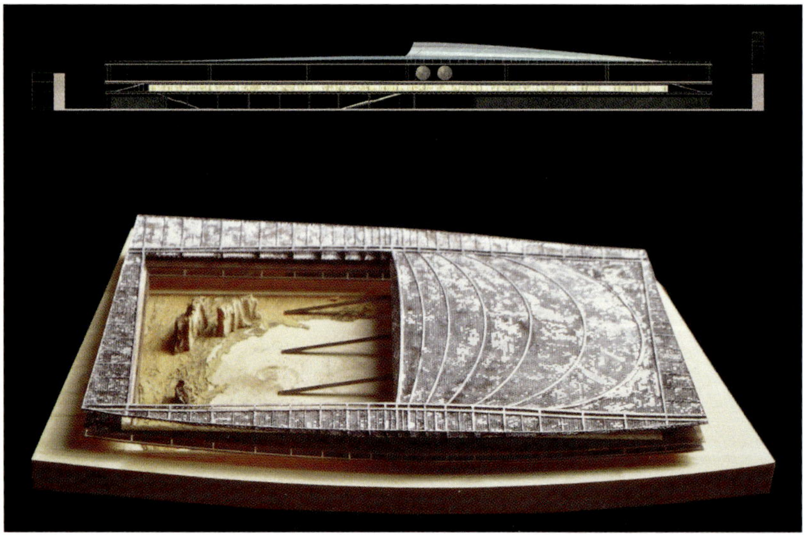

PATRICK BERGER ET JACQUES ANZIUTTI

L'édifice s'étire sur l'ensemble de la parcelle et restitue l'alignement sur le quai dans une longue horizontale. Le plan juxtapose deux carrés intérieurs de plein, le musée, et de vide, le jardin. Les réserves, mises en scène en façades, occupent une position stratégique entre deux dalles au-dessus du niveau du rez-de-chaussée. Les présentations permanentes sont situées au second niveau sur un plan libre.

TADAO ANDO, JEAN-MICHEL WILMOTTE, MASAKAZU BOKURA

À la masse bâtie cubique, très vitrée, du musée répond la cour carrée du jardin. Le cube de verre couronné d'un large débord de toiture est évidé sur l'angle ouest pour mettre en scène en son centre la silhouette d'un cône ouvert sur le ciel. L'ensemble est posé sur un socle qui couvre toute l'emprise. Les expositions temporaires s'enroulent autour du cône au sommet de l'escalier. L'exposition permanente occupe les deux derniers niveaux, baignés de lumière naturelle.

RUDY RICCIOTTI, PIERRE LOMBARD

Une salle en balcon sur la Seine, un toit accessible, un jardin sur tout le site et des espaces enterrés, éclairés par des failles : le musée oppose le monde souterrain, où sont regroupées expositions temporaires, médiathèque et réserves, à la masse posée sur des fûts élancés, où sont présentées les collections permanentes dans une nef centrale éclairée zénithalement.

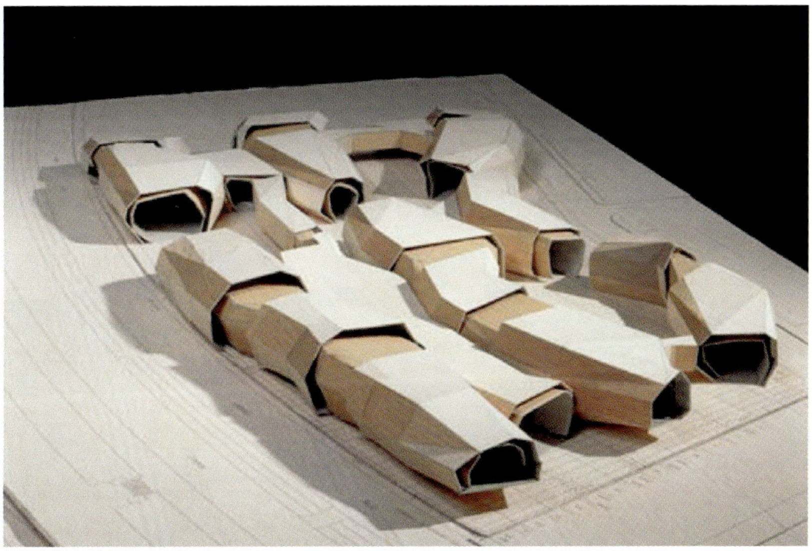

DOMINIQUE JACOB, BRENDAN MAC FARLANE

Le projet occupe la totalité du terrain avec un volume enveloppe en tunnels carénés d'aluminium anodisé. L'accès principal s'effectue côté ouest où les collections permanentes sont organisées à l'intérieur d'une partition en trois nefs, éclairées naturellement ; à l'est, les expositions temporaires, de plain-pied avec le jardin intérieur.

FOSTER & PARTNERS

Un volume unitaire se glisse entre mitoyens en épousant la courbe de la Seine. Sa vaste toiture dessine une corniche horizontale posée sur une série de poteaux élancés. Elle est traversée par une grande ouverture circulaire au-dessus d'une cour jardin. Le programme se distribue à partir de ce cercle : présentations permanentes sur quatre niveaux à l'ouest ; expositions temporaires en étage à l'est.

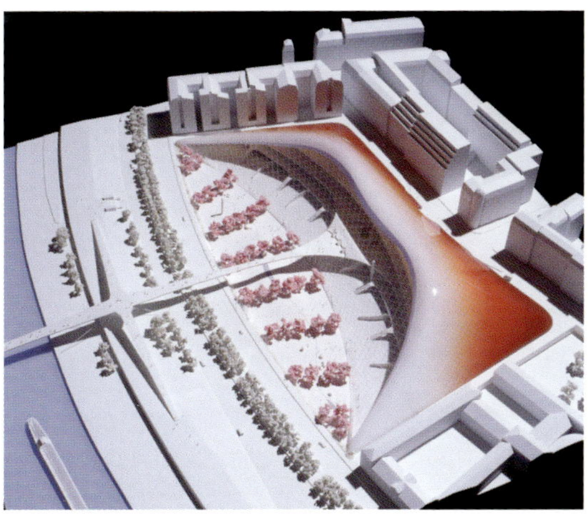

FUTURE SYSTEMS

Le musée s'affirme comme une vaste tente dont les quatre coins affleurent les abords du site. Le jardin joue le rôle de tampon entre musée et voirie automobile. Entièrement encastré en contrebas de la chaussée du quai, il est au même niveau que le rez-de-chaussée du bâtiment. Les expositions temporaires sont prises en sandwich entre les espaces dévolus aux présentations permanentes, sur les deux niveaux bas.

CHRISTIAN DE PORTZAMPARC

La recherche d'une atmosphère protégée conduit à un ensemble bâti en U. Les volumes s'interrompent pour marquer l'entrée au-delà d'un bassin qui fait douve. Les présentations du musée, partiellement enterré, se tournent vers la partie du jardin surélevé au cœur du projet. Elles s'organisent autour d'une rampe de distribution éclairée en lumière zénithale. Les expositions temporaires sont situées sur deux niveaux dans l'aile côté quai.

Le chantier des collections

Le terme de chantier exprime bien la complexité des opérations qu'il a fallu mettre en œuvre ***pour assurer le transfert et la mise à niveau des deux cent cinquante mille objets du laboratoire d'ethnologie du musée de l'Homme et des vingt-cinq mille objets du musée national des Arts d'Afrique et d'Océanie. Elles ont mobilisé de 2001 à 2004 une équipe de soixante-dix personnes, supervisée par Christine Naffah, conservateur général du patrimoine, et Fabrice Merizzi, ingénieur.***

Après un premier état des lieux qui a permis de dresser une cartographie des objets à recenser, l'opération a consisté à assurer l'inventaire et le transfert des objets, à engager les mesures de conservation préventive et à créer une base de données exploitable par les chercheurs et le public. Pareille entreprise n'avait jamais été menée par un musée en France sur une telle échelle. Le nombre des objets à traiter et la grande diversité de leurs matériaux et techniques ont exigé la mise au point de protocoles adaptés et de technologies parfois novatrices. Le fruit de ce travail a été édité par le musée du quai Branly pour que d'autres en bénéficient, tel le musée du Louvre pour le traitement de sa collection d'art islamique, effectué dans les mêmes ateliers Berlier.
Ces différentes phases, traitées par des équipes spécialisées, se sont succédé dans un calendrier qu'il a fallu planifier et maîtriser. La phase de récolement des inventaires précédents a réuni, unifié et complété des fiches, inégales dans leurs informations. Après le conditionnement sont venues les opérations de conservation préventive qui correspondent au nettoyage et au dépoussiérage des objets et à leur identification par photographie et modélisation 3D. La phase

Enlèvement du mât totem « Kaiget » devant le musée de l'Homme, à Paris, en 2004.

dans l'historique des déplacements de l'objet. L'objectif est de disposer ainsi d'une notice d'information minimale à l'ouverture du musée, pouvant être enrichie ultérieurement. Une modélisation de quatre cents objets parmi les plus emblématiques a été réalisée en trois dimensions à l'aide d'un scanner. Ces modélisations, accessibles depuis n'importe quel ordinateur via l'intra ou l'internet, participent de l'effort qui a été fourni dans l'élaboration des programmes multimédia pour la scénographie des expositions, comme de celui de mettre en ligne la collection.

de décontamination biologique qui a terminé le processus a consisté à désinsectiser les collections par anoxie, procédé neutre qui permet de détruire les insectes en plaçant les objets organiques dans une atmosphère sans oxygène. Les moisissures ont été traitées par oxyde d'éthylène au centre technique de la BNF de Bussy-Saint-Georges.
Les opérations ont été compliquées du fait de leur éclatement en plusieurs lieux : les deux musées d'origine, l'hôtel industriel Berlier, siège provisoire de l'établissement public qui accueillait les ateliers de conservation préventive, et la Bibliothèque nationale de France, lieu de stockage provisoire des réserves.
L'archivage a été effectué en utilisant le logiciel The Museum System (TMS), spécialisé pour ce type de collection. L'étiquette code-barres établie pour chaque objet contient l'ensemble des informations le concernant et permettant d'en assurer la traçabilité : origine, caractéristiques physiques, photographie en 2D.
Toutes les étapes de la chaîne sont inscrites

Installation du mât totem « Kaiget » au musée du quai Branly, à Paris, en mars 2006.

Le système d'information et les installations multimédias

Pour que les objets présentés dans le musée trouvent leur place et gardent leur présence, ***il importe de ne pas les recouvrir de mots et moins encore de discours. Jean Nouvel a instauré en règle ce principe. La première application en est que les cartels qui les désignent ne sont pas dans les vitrines, en covisibilité avec ce qu'elles présentent. Le musée doit néanmoins être un lieu d'initiation et de compréhension du patrimoine matériel qu'il présente. Le système d'information multimédia répond à cette attente.***

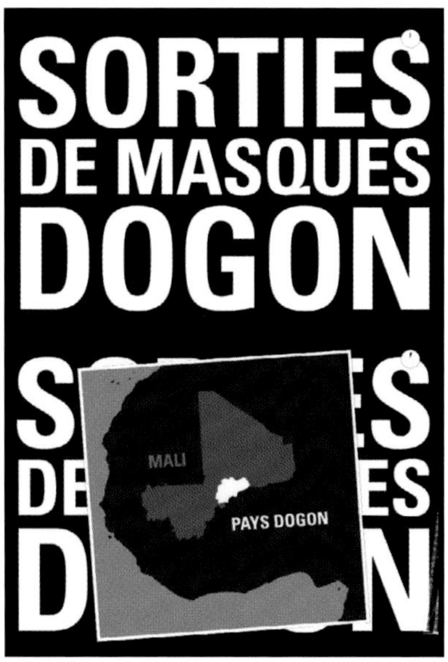

Sorties de masques dogons, documentaire diffusé dans le musée.

Le multimédia s'est développé avec les technologies de l'information. Il profite de la conjonction des données numérisées – qu'il s'agisse de textes, de sons, d'images fixes ou animées – avec des applications qui permettent de les consulter de manière passive – quand un programme est simplement diffusé – ou interactive – lorsqu'une navigation est proposée au visiteur qui le consulte. Dans ce cas, celle-ci peut se ramifier plus ou moins, jusqu'à atteindre des niveaux d'informations de plus en plus approfondis. Dans un musée qui allie présentation et recherche, ces niveaux de discours prolifèrent. Quand il s'agit d'objets de travaux ethnographiques, les données se démultiplient jusqu'à l'encombrement. D'autant que ces données témoignent de ce que l'Unesco a qualifié de « patrimoine culturel immatériel », qui recouvre les traditions et expressions orales, la musique et les danses, les pratiques sociales, les rituels et les fêtes, les représentations et les cosmologies, les savoir-faire et les technologies. Héritier des fonds du musée de l'Homme, le musée du quai Branly dispose de ce point de vue de trésors. Car ce patrimoine immatériel est à son tour un patrimoine d'une autre nature : un film de Marcel Griaule ou de Jean Rouch est à la fois archive, document d'information et œuvre à part entière. Rendant compte du patrimoine immatériel d'une civilisation, il appartient aussi au nôtre.

Le multimédia tient un autre rôle, essentiel : il est un instrument de médiation entre ces connaissances, ces patrimoines, et les publics. Rattaché à la direction du développement culturel et des publics, Stéphane Bezombes a été le maître d'œuvre du système d'information

Extraits de *Sous les masques noirs* de Marcel Griaule, 1935.

multimédia et a supervisé la production des différents programmes qui le nourrissent. Il a distingué trois niveaux de consultation, qui ont trouvé des places distinctes dans le musée, à l'écart des objets, et sans se confronter à eux. Le premier niveau a directement trait à la présentation et à l'exposition. Il est porté par de petits écrans (10 pouces), placés sur les côtés, opaques, des portiques des vitrines. Le visiteur est debout, la durée n'excède pas quatre minutes. Les programmes, linéaires et sonores, se déclenchent grâce à un détecteur de présence et fonctionnent en boucle. Ils ont essentiellement pour fonction d'évoquer le contexte géoculturel des objets présentés dans la vitrine et sont conçus de

Scénographie numérique de la tour Musique, pour évoquer leur jeu et leur son. Jean-Louis Fréchin / Nodesign.

telle sorte qu'ils peuvent être pris à tout moment de leur projection : ce sont des documents bruts. Le musée compte soixante-dix-huit programmes de ce niveau.
Le deuxième niveau se rapporte à l'explication et à la transmission. Des écrans de 17 pouces sont intégrés à des niches modelées avec leur assise dans le meuble de cuir qui serpente à travers la galerie. Ils sont interactifs : l'écran est tactile. Leur durée est plus longue que celles des programmes précédents - dix-sept minutes s'ils sont explorés en totalité.
Ils permettent une mise en valeur de thèmes transversaux, en complément de l'approche plus régionale et traditionnelle proposée par le premier niveau. L'ergonomie de la consultation est calquée sur celle dont un visiteur est déjà familier avec les bornes et distributeurs qu'il rencontre en ville. Vingt programmes sont développés.
Le troisième niveau explore l'échange et l'interrogation. Il trouve place dans l'espace de documentation situé sur la mezzanine centrale. Les écrans sont plus grands, la consultation, assise, peut être collective ; elle est commandée par une souris ou une boule ; elle est sans limite de temps.
Les programmes proposent d'aborder des notions de la recherche anthropologique et les outils nécessaires à la compréhension des situations, des œuvres ou des objets sous l'angle de la recherche et de l'enseignement. Ils sont eux-mêmes des outils pour approcher et explorer le discours « savant ». La navigation est arborescente. Ces programmes sont des ouvrages collectifs. L'un est dédié au langage, l'autre à la musique.
L'ensemble n'est pas arrêté une fois pour toutes. Les outils de diffusion, ainsi organisés, permettent d'accueillir des programmes qui peuvent changer.
Par ailleurs, des installations plus ludiques ont été mises en place. Telles les lunettes binoculaires qui permettent une vision stéréoscopique des sites inca ou mexicain, ou le « carrefour des peuples », lentille de verre déployant une carte de l'Océanie animée, permettant de comprendre les échanges dans cette aire géographique et culturelle.
Une place particulière a été réservée à la musique. Jean-Louis Fréchin et Nodesign ont conçu le programme dédié à l'ethnomusicologie de la mezzanine. Ils sont aussi intervenus sur la tour des instruments de musique.
Un ingénieux système utilise les coques de verre qui la protègent comme des enceintes, de sorte que la tour « sonne » en bruissant de musiques du monde, tandis que des images des instruments joués, placées à l'intérieur, luisent dans ce halo sonore comme autant de lucioles. C'est encore l'équipe de Nodesign qui a imaginé les installations de deux des « boîtes » de la galerie consacrées à la musique. Elles proposent une immersion sonore et visuelle, toujours sur le mode de l'émotionnel et de l'évocation, avec une mise en espace des sons et des projections sur la totalité de la surface des parois. Autant de déclinaisons de champs de possibles ouverts par le multimédia, dès lors qu'il devient projet.

Extraits de *Le Dama d'Ambara* de Jean Rouch et Germaine Dieterlen, 1974.

Extraits de *Mali Kow* de Jean-Paul Colleyn, 2000.

Moments du chantier

Trois ans durant, Ianna Andréadis a patiemment suivi le chantier du musée du quai Branly dans les différentes figures de ses métamorphoses.

Elle est artiste, avant d'être photographe. Ce qu'elle a traqué déborde le relevé des différentes étapes d'une édification : les fouilles et les fondations dans la glaise de ces bords de Seine, la paroi moulée qui entoure le site et le met à l'abri de l'eau, son comblement par les sous-sols de réserves et de parkings, l'élévation de la charpente métallique, improbable meccano appuyé sur quelques noyaux de béton selon des raisons qui dépassent l'économie constructive, l'habillage qui l'a fait disparaître, la mise en place de milliers ou de dizaines de milliers d'éléments par la cinquantaine de corps de métiers engagés dans cette histoire.

Tout cela appartient au registre de l'ingénierie, a donné lieu à hypothèses, à calculs, à estimations et à vérifications ; tout cela relève du maître d'œuvre et du maître d'ouvrage, des bureaux d'étude et de contrôle, des entreprises et de leurs sous-traitants.

Les prises de vue de Ianna Andréadis en témoignent aussi. Mais son regard s'est avant tout attaché à une aventure humaine, poétique, sensible.

Ce chantier n'était pas comme les autres, dans la mesure où les bâtiments s'exploraient et s'inventaient au fur et à mesure de leur avancement. Il ne s'est pas agi simplement d'exécuter des opérations programmées pour aboutir peu à peu à la réalisation d'une œuvre déjà dessinée et conçue dans le moindre de ses détails. Véritable *work in progress*, le chantier a posé les termes des précisions qu'il appelait. Ce n'est pas hasard, mais méthode, par laquelle une architecture ne se borne pas à la mise en œuvre des choses, mais les fait participer aux conditions, aux situations et aux sensations qu'elles mettent en place. Méthode qui soumet l'exécution au sens, et qui simultanément élabore le sens par le travail d'écriture.

Pareille façon d'aborder un chantier est exigeante. Elle implique tous les acteurs dans un processus contraire à la division du travail. Elle les soumet à l'œuvre en train de se faire. Elle prend les allures d'une traversée, sinon d'une épopée, où chaque étape, chaque rivage, est une découverte dans une progression qui appelle sa suite.

Elle est nécessairement collective, parce qu'elle demande un engagement de tous. C'est aussi la singularité d'un chantier que de voir des hommes de toutes qualifications et de toutes conditions sociales, de toutes nationalités et de toutes cultures, y participer et y contribuer ensemble. Chacun de ses moments est unique, car il est appelé à disparaître. Le temps est la vraie matière du chantier. Cette architecture ne résulte pas de la somme de ces moments, mais de leurs disparitions successives. Contrairement à d'autres, elle ne s'explicite pas dans son avancement, mais passe par des états qui tantôt la dévoilent, tantôt s'évanouissent. C'est un jeu de traces sur une carte qui se dessine. Ianna Andréadis a été dans le sillage de ces passages. Elle en a saisi l'écume, celle des situations et des états, celle des jours et des hommes. Son regard rend compte avec intensité de ce qui est dans ce qui n'est plus.

Née à Athènes en 1960, Ianna Andréadis, artiste plasticienne, vit et travaille à Ivry. Elle a publié *Chantier ouvert au public, récit de la construction du musée du quai Branly*, Paris, musée du quai Branly / Panama, 2006.

20 mai 2003

1er juillet 2003

19 janvier 2004

14 juin
2004

21 janvier
2005

3 mars 2005

11 octobre 2005

20 décembre 2005

28 avril 2006

19 juin 2006

Générique

Maîtrise d'ouvrage
Maîtrise d'ouvrage : Établissement public du musée du quai Branly
222 rue de l'Université, 75007 Paris

Président : Stéphane Martin
Directeur général délégué : Pierre Hanotaux
Directeur de la maîtrise d'ouvrage : Patrice Januel
Directeur adjoint de la maîtrise d'ouvrage : Nadim Callabe
Directeur du projet muséographique : Germain Viatte
Directeur du patrimoine et des collections : Jean-Pierre Mohen
Directeur de la recherche et de l'enseignement : Anne-Christine Taylor
Directeur du développement culturel et des publics : Hélène Cerutti
Responsable de la programmation architecturale : Hélène Dano-Vanneyre

Concessionnaire parking : SAEMES
Concessionnaire restauration : ELIANCE
Concessionnaire librairie : Réunion des musées nationaux (RMN)

Maîtrise d'œuvre
Architecte : Ateliers Jean Nouvel
Mission de l'architecte : mandataire de la maîtrise d'œuvre pour la conception et l'exécution (y compris muséographie, éclairage, signalétique, mobilier, paysage) ; direction de travaux, direction de synthèse, direction des études et du contrôle qualité.
Chefs de projet :
- *Phase concours :* Françoise Raynaud
- *Phase études :* Françoise Raynaud & Didier Brault
- *Phase chantier :* Isabelle Guillauic & Didier Brault

Architectes :
- *Phase études :* Frédéric Boilevin, Michel Calzada, Cyril Desroche, Sylvie Erard, Edwin Herkens, Gerd Kaiser, Roland Pellerin, Hafid Rakem, Pierre Truong.
- *Phase chantier :* Jalil Amor, Gianluca Ferrarini, Laure Frachet, Nick Gilliland, Karine Jeannot, Freddy Laun, Jérémy Le Barillec, Philippe Monteil, Eric Pannetier, Florence Rabiet, Sophie Redele, Erwan Saliva, Andrès Souza Blanès y Cortès.

Architectes muséographie :
- *Phase études :* Reza Azard, Frédéric Casanova, Mia Hagg, Eric Nespoulos, Matthias Raash.
- *Phase chantier :* Reza Azard & Jérémy Le Barillec

Design & agencements :
- *Phase études :* François-Xavier Bourgeois, Jérémy Le Barillec, Marie Nadjowski, Bertrand Voiron.
- *Phase chantier :* Aurélien Barbry, Frédéric Imbert, Jérémy Le Barillec, Sabrina Letourneur, Eric Nespoulos.

Paysage : Emma Blanc
Graphisme et colorimétrie : Natalie Saccu de Franchi
Maquettes : Jean-Louis Courtois & Etienne Follenfant
Images de synthèse concours : Artefactory
Direction de travaux : Didier Brault & Pierre Crochelet René Bencini, Guillaume Besançon, Julien Coeurdevey, Ghazal Sharifi, Marcin Woychechovski
Économistes : Pierre Crochelet
Secrétariat : Cathy Jedonne, Anastasia Kaneva, Catherine Kapzak, Sabrina Kettani.

Autres intervenants de la maîtrise d'œuvre
Concepteur associé paysage : Acanthe / Gilles Clément
Concepteur associé : AIK / Yann Kersalé
Mur végétal : Patrick Blanc
Bureaux d'études co-traitant :
- *Structure béton et charpente métallique, étanchéité :* Ingerop
- *Fluides (CVC, électricité, plomberie et ascenseurs) :* OTH
- *Coordinateur SSI :* OTH

Consultants de la maîtrise d'œuvre :
- *Façades :* Arcora
- *Second œuvre :* GEC ingénierie
- *Éclairage muséographie :* Observatoire n°1
- *Acoustique :* Avel acoustique
- *Scénographie :* Duck's
- *Sécurité :* Casso & Cie
- *Plasticien :* Alain Bony & Henri Labiole
- *Signalétique :* Autobus Impérial & Hiroshi Maeda

Organisation pilotage et coordination : ODM Gemo
Sécurité prévention santé : Cossec
Contrôleur technique : Veritas

Interventions artistiques
Artistes australiens bâtiment Université : Paddy Bedford, Michael Riley, John Mawurndjul, Judy Watson, Tommy Watson, Ningura Napurrula, Gulumbu Yunupingu, Lena Nyadbi.
Rideaux, auditorium et expositions temporaires : Naoki Takizawa pour Issey Miyake
Rampe d'accès au musée : Trinh. T. Minh-ha & Jean-Paul Bourdier
Vitrine est jardin : Michael Parekowhai & Fiona Pardington (Nouvelle-Zélande)

Calendrier
Concours : rendu du concours, 3 novembre 1999 ; désignation du lauréat, 8 décembre 1999
Études : janvier 2000 - septembre 2002 (y compris phase de consultation)
Travaux : décembre 2002 - juin 2006 (hors fondations spéciales)

Surfaces
Surfaces hors œuvre brutes : 76 500 m^2
Surfaces hors œuvre nettes : 40 660 m^2
Surfaces du terrain : 25 100 m^2

Budget
Bâtiment : 204,3 M euros TTC

Programme
Musée :
- *Plateau des collections :* 4 900 m^2, 4 000 œuvres présentées ; mezzanine dossiers : 670 m^2 ; mezzanine thématique : 800 m^2 ; mezzanine documentaire : 195 m^2
- *Réserves :* 300 000 objets

Expositions temporaires :
- *Grande galerie :* 1 500 m^2
- *Petites galeries :* 640 m^2

Médiathèque, enseignement et recherche :
- *Salle de lecture :* 220 places (20 000 ouvrages en libre accès) ; fonds spéciaux, 14 places ; salle d'actualité, 52 places (5 000 ouvrages en libre accès) ; salles de cours, 55 places ; ateliers découvertes, 50 places ; salles d'études, 26 places
- *Réserves médiathèque :* 180 000 ouvrages et 350 000 documents (photos, son, etc.)

Auditorium :
- *Grande salle :* 500 places (conférences, projections, arts vivants)
- *Salle de projection :* 100 places
- *Théâtre de verdure :* 150 places

Administration :
Bâtiments Branly, Auvent et Université : 250 postes de travail, ateliers de restaurations, atelier du livre
Parking : 521 places
Restauration :
- *Restaurant terrasse :* 130 places en intérieur
- *Café jardin :* 80 places en intérieur
- *Bar spectacle dans le foyer du Théâtre Claude Lévi-Strauss*
- *Restaurant inter entreprise :* 80 places

Librairie : 250 m^2
Jardin : 18 000 m^2, 169 arbres, 886 arbustes et 74 200 fougères et graminées
Ouvrages particuliers :
- *Palissade de verre :* 220 x 12 m
- *Tour des instruments de musique :* ellipsoïde en verre cintré de 23 m de haut renfermant les réserves d'ethnomusicologie (8 000 instruments)
- *Rampe d'accès au musée :* 180 m de long avec une pente entre 3 et 5%
- *Serpent :* mobilier muséographique de 252 m de long comprenant des équipements multimédia
- *Mur végétal :* 800 m^2 en extérieur et 150 m^2 en intérieur, 150 espèces, 15 000 plantes
- *Terrasse :* 2 500 m^2 à 22 m de haut

Principales entreprises
- Paroi moulée : Intafor Spie Fondations
- Gros œuvre, étanchéité : Bouygues

Établissement public du musée du quai Branly :
Charpente métallique : Joseph Paris
CVC : Cegelec
Plomberie protection incendie : Cegelec
Électricité : Cegelec
Équipements scéniques : AMG Fechoz
Éclairage muséographique : Cegelec
Ascenseurs : Otis

Mécènes
hors donateurs (objets) et partenaires

Façades : Eiffel & Laubeuf
Façades spéciales : VMT & SMB
Plâtrerie : IDFP
Métallerie : BS Vision
Menuiserie bois : SEDIB
Sols durs et parquets : France Sol
Faux plancher et plafond : Lindner
Sols coulés et sols souples : SEPT
Peinture : Debuschère
Occultation : FMD
Agencements et éclairages spécifiques : HP84
Fauteuils auditorium : Quinette Gallay
Vitrines : Unifor
Cloisons vitrées : Unifor
Bassins en terrasse : Lacroix Général Contractor
Paysage VRD : Paysage de France
Éclairage extérieur : NOVAE
Signalétique : Boscher

SAEMES Parking :
Gros œuvre étanchéité : Spie Batignole TPCI
CVC : Aqua plus
Plomberie : Aqua plus
Électricité : SEM Services
Ascenseurs : AMS
Locaux d'exploitation : SWO
Serrurerie : Metalesca
Peinture : AMIP
Maçonnerie : CITEK
Signalétique : ASES

ELIANCE Restaurant :
CVC : Piolino
Électricité : GTMH
Plomberie : Piolino
Agencement Mobilier : Potteau, Sodifra, Bredy
Parquet : Dekovi
Plâtrerie, sols et plafonds : MJC Immobat
Façade et paravents : VMT
Stores : METAB
Chaises : BONACINA

RMN Librairie :
Électricité : GTMH
Agencement Mobilier : Sodifra
Sols dur : France Sol

CERCLE DES GRANDS MÉCÈNES

Axa
Achat d'une statue Dogon de style Djennenké dans le cadre de la loi Trésor national

Pernod Ricard
Soutient les bassins de la terrasse du musée du quai Branly

Schneider electric
Soutient le parcours, dit de la Rivière, au cœur des collections permanentes du musée – parcours accessible à tous les publics

Caisse des Dépôts
Soutient la tour Musique

Fondation EDF
Soutient la mise en lumière du bâtiment du musée conçu par Yann Kersalé

Fondation d'entreprise Gaz de France
Soutient la réalisation du jardin du musée conçu par Gilles Clément

Ixis Corporate & Investment Bank – Groupe Caisse d'Épargne
Soutient la documentation scientifique des collections sur le site Internet du musée et la galerie multimédia

MÉCÈNES

Saint-Gobain
Soutient la fabrication du tissu et la réalisation des rideaux du musée situés dans les espaces du théâtre Claude Lévi-Strauss, des expositions temporaires et de la rampe. Les rideaux sont dessinés par Naoki Takizawa, directeur artistique d'Issey Miyake.

Naoki Takizawa pour Issey Miyake inc.
Offre le concept et design des rideaux du musée du quai Branly

Euro RSCG
Mécénat de compétence : audit interne, accompagnement sur les relations presse...

Sony France
Mécénat en nature : équipements informatiques pour la médiathèque et différents espaces dans le musée

Sony Europa Foundation
Soutient les aménagements mobiliers du salon de lecture Jacques Kerchache qui dépend de la médiathèque

Le gouvernement australien, via l'Australia Council for the arts et l'Harold Mitchell Foundation, et le Quai d'Orsay, via le secrétariat permanent pour le Pacifique
Rejoignent le Cercle des mécènes qui soutient le projet des plafonds peints dans l'immeuble Université par des artistes aborigènes australiens

Veolia Environnement
Rejoint le Cercle de mécènes qui soutient le projet des plafonds peints dans l'immeuble Université par des artistes aborigènes australiens

A.M. Conseil
Rejoint le Cercle de mécènes qui soutient le projet des plafonds peints dans l'immeuble Université par des artistes aborigènes australiens

ATOS Conulting
Soutient le projet d'art contemporain réalisé par Trinh T. Minh-ha sur la rampe d'accès du musée

JCDecaux
Soutien le musée sur la campagne d'affichage internationale de l'exposition d'*Un regard l'Autre*, sept. 2006-janv. 2007

Malmenayde

MÉCÈNES PARTICULIERS

Martine et Bruno Roger
Rejoignent en 2004 le Cercle de mécènes qui soutient le projet des plafonds peints dans l'immeuble Université par des artistes aborigènes australiens
Soutiennent en 2005 la réalisation artistique par AJN du plafond du salon de lecture en hommage à Jacques Kerchache
Soutiennent en 2006 la restauration des peaux des Indiens d'Amériques (coll. du musée) dans le cadre de l'exposition *Collections royales d'Amérique du Nord*, février-mai 2007

Crédits photographiques

AKG : 11.
BN : 12h et 13h.
RMN : 12b.
Musée du quai Branly : 15, 31, 129, 131 / Maryse Delaplanche : 13 ; L. Zinc : 14 ; Sage : 18h ; Didier Boy de La Tour : 18b ; Antonin Borgeaud : 25, 35, 127h ; Patrick Gries / Bruno Descoings : 27, 29 ; Patrick Gries / Benoît Jeanneton : 28 ; Patrick Gries / Valérie Torre : 30 ; Dolorès Marat : 42-51, 106b, 107 ; Nicolas Borel : 126, 127b / Ianna Andréadis : 138, 139b, 140.
Rapho / Sabine Weiss : 16h.
RMN © Succession Picasso : 16b, 17.
AJN : 19, 54-99 (documents graphiques).
Unifor : 23.
Anne-Christine Taylor : 33.
Mondomix © Michel Jaffrennou : 37.
Thomas Hugon et Stéphane Maupin : 38.
Maxence Rifflet : 54-99.
Gilles Clément : 102.
Yann Kersalé : 104-105.
Patrick Blanc : 106.
Paddy Nyunkuny Bedford, John Mawurndjul, Ningura Napurrula, Lena Nyadbi, Michael Riley, Judy Watson, Tommy Watson et Gulumbu Yunupingu : 108-111.
Courtesy Cracknell and Lonergan Architects, Sydney : 108h, 109hg, 110h, 110b, 111h, 111b.
Trinh T. Minh-ha et Jean-Paul Bourdier : 112-113.
DAF / Cité de l'architecture et du patrimoine / Centre d'archives d'architecture du XXe siècle : 117b.
Georges Fessy : 118, 119h.
Plantu / Le Monde : 119m.
Patrick Berger et Jacques Anziutti architectes ; maquette : Thierry Martin : 124m.
Jean-Louis Fréchin : 130.
Marcel Griaule / Pathé Gaumont Archives : 129.
CNRS, CFE : 131g.
Catherine De Clippel. Une production du musée du quai Branly, 2005 : 131d.
Ianna Andréadis : 134, 135, 136, 137, 139h, 141.

Les couleurs choisies dans ce livre sont des reprises en quadrichromie des marques Trespa® Meteon déposées par Trespa International.
Le texte est composé en Sophisto (publié par Psy/Ops Type Foundry, San Francisco).
Le livre est imprimé sur du papier Magnomat satin 135 g de chez Sappi pour les pages intérieures et sur du couché Maine brillant 2 faces pour la couverture.

Achevé d'imprimer sur les presses
de Loire Offset Titoulet à Saint-Etienne
En mars 2012
N° d'impression : 201202.0561/A
Dépôt légal : novembre 2006
Imprimé en France